明清卷·人物

中国历史知识小丛书

〈志大才疏的〉

李自成

ZHONGGUO LISHI ZHISHI
XIAO CONGSHU ｜ 王兴亚◎著

以史为骨，以实为肌，以事为络
名家著作，还历史原貌

中国社会科学出版社

图书在版编目（CIP）数据

志大才疏的李自成/王兴亚著.—北京：中国社会科学出版社
2014.1修订重印
　（中国历史知识小丛书.明清卷.人物）
　ISBN 978-7-5004-7270-4

Ⅰ.志… Ⅱ.①王… Ⅲ.李自成（1606~1645）—传记
Ⅳ.K827=48

中国版本图书馆CIP数据核字（2008）第152639号

出 版 人	赵剑英
责任编辑	孟艺达
责任校对	韩磊磊
责任印制	王　超

出版发行	中国社会科学出版社
社　　址	北京鼓楼西大街甲158号（邮编 100720）
网　　址	http://www.csspw.cn
	中文域名：中国社科网　010-64070619
发 行 部	010-84083685
门 市 部	010-84029450
经　　销	新华书店及其他书店

印刷装订	北京市兆成印刷有限责任公司
版　　次	2013年4月第2版
印　　次	2014年1月第3次印刷

开　　本	710×1000　1/16
印　　张	11
插　　页	2
字　　数	153千字
定　　价	23.00元

目录 CONTENTS

贫苦农民的儿子

万历三十四年（1606年）八月二十一日，李自成出生在陕西延安府米脂县李继迁寨一个农民家庭。

万历皇帝是明代第九任皇帝。这时候的大明王朝，正在经历由鼎盛到衰落的转变。明王朝从朱元璋建国到现在，200年的经营取得了划时代的进步，商品经济进一步发展，城乡市场出现前所未有的繁荣，抗倭援朝战争的胜利，提高了大明王朝的国际威望，中外经济文化交流增强，重农抑商的观念受到巨大的冲击。就是在这个转折关头，中国的执政者，未能跟上时代的步伐，政治上的腐败，使得大明王朝从鼎盛走向衰落。万历皇帝继位之初，还力图刷新政治，发展经济，兴利除弊，并且有所起色，但他的晚年，成天在后宫纵情酒色，30年来居然不上朝理政，大臣们的奏章，常被留于宫禁中，不交讨论也不批答处置。国家正常的管理运行机制处于半瘫痪状态。朝廷和地方官员们乘机贪赃枉法、以权谋私。一股猖獗的敲诈勒索之风，从京城一直刮到穷乡僻壤。熹宗皇帝无心政事，也没有管理国家政事的能力，酷爱木工，热衷于木器模型设计制作。崇祯帝即位于多事之秋，想有一番作为而积重难返，官吏交朋结党，贪污受贿成风，法令成为具文，国家机器不能正常运作，人民无法继续生活，民穷盗起，镇压需要增兵增饷，兵源与饷源又来自于民，形成恶性循环。

米脂县位于陕西北部，时属延安府绥德州。古称银州，又叫银川郡。由于造物主的赐予，此地所产小米质量优异如脂，故改名米脂。但优质小米没有给当地带来太多的福音。黄土高原的环境驱使这里的人们日复一日，年复一年地在贫瘠的黄土地上辛勤劳作。

明代县以下行政基层组织为里甲制，里下设甲。县以下的村落都编制在里甲中。李继迁寨在县西200里，属双泉里。

李继迁寨是以人名命名的村落，而且颇有来历。李继迁是北宋时期党项人的首领。党项人是羌族的一支，唐宋时期是一个少数民族。原来居住在今天的青海东南和四川西北部一带。唐太宗贞观初年，把党项人迁居到今天的陕西北部一带。他们分成三个部：居住在今天甘肃庆阳一带的为东山部；居住在今天陕西靖边一带的为平夏部；居住在今天陕西横山一带的为南山部。唐朝末年，党项羌族首领拓跋思恭，参与镇压黄巢起义，立下战功，被封为夏国公，赐姓李，名叫李思恭。宋政权建立后，李思恭的后代李彝殷死后封赠为夏王，赐姓赵。宋太宗时期，李彝殷的儿子李继迁起兵反宋，北方的另外一个少数民族政权契丹（也叫辽）于990年册封李继迁为夏国王。李继迁统一了各部，形成了强大的势力。1032年李继

万历皇帝明神宗朱翊钧（1563－1620），明朝第十三代皇帝。继位之初，还力图刷新政治，发展经济，兴利除弊，并且有所起色，但他的晚年，成天在后宫纵情酒色，30年来居然不上朝理政，大臣们的奏章，常被留于宫禁中，不交讨论也不批答处置。国家正常的管理运行机制处于半瘫痪状态。朝廷和地方官员们乘机贪赃枉法、以权谋私。政治上的腐败，使得大明王朝从鼎盛走向衰落。

迁死后，他的孙子元昊继任首领，于1038年宣布称帝，建国大夏，都城设在兴庆，即今宁夏银川市。所辖地区东到黄河，西到玉门关，包括今甘肃、宁夏、青海和陕西、内蒙古一部分。因位于西北部，人们习惯上称这个政权为西夏。相传李家寨是李继迁的出生地。当地人为了纪念这位英雄，就把这个村子改名为李继迁寨。至于什么时候改、为何人所改，没有记载，人们已无法说清了。西夏王朝历经十帝，共190年，1227年，为蒙古政权所灭。打这以后，党项族已不像西夏时期那样，有自己的首领，有自己的国家政权，而是与汉人混居，逐渐与当地的汉族人民融合在一起，继续以李氏为姓。这也就是说，在陕西李姓中，有一部分是历史上党项人的后裔。

斗转星移，李继迁寨的地理位置没有变化，但这里的人却在变化。出生于双泉里李继迁寨的李自成，是否是党项羌族人的后裔，也无法认定了，因为中间相隔600余年，居住在这块土地上的人的变化已不能细说明白。

李继迁寨在怀远堡附近。怀远堡往北15里就是长城。雍正九年（1731年）设立怀远县，与米脂县划界，李继迁寨距怀远堡40里，划归怀远县。这就是怀远李继迁寨的由来。1914年陕西省行政区划调整，改怀远县为横山县后，李继迁寨划归横山县，位于县北60里，即今殿市镇李继迁村。

人口居住的历史告诉人们，在自然条件较好的平原地区人口饱和后，持续增长的人口纷纷向自然条件差的丘陵、山区移动，在山区出现许许多多三五户人家的村庄，李继迁寨也是如此。

常峁鄢是李自成的实际居住地，距县城130里，是一个只有十几处窑洞的小村。崇祯十五年（1642年）挖掘李自成墓的米脂知县边大绶在塘报中所说，缘山而上，"见窗舍十余处，墙垣尚存，即闯贼庄村"，就是这个村子。由于村子小，且属于李继迁寨，所以当时当地人都说他是李继迁寨人。李家的墓地在今横山县石窑沟乡古庄窠。它不是在李继迁寨附近，也不是在常峁鄢附近，而是翻过一山。李家之所以将墓地选定在这里，则是风水先生以为这里四面山势环抱，林木丛杂，是一方不可多得的风水宝地。所以，李家的先人以此为坟地，死后葬于此地的墓有23座。

李自成自述十世务农。关于他的家世，我们现在所能确切知道的是李氏四代。他的曾祖父叫李世辅，祖父李海名李势，父亲李守忠，又叫李印、李务。他的母亲是姓石、姓金、姓吕，说法不一。这是因为李守忠的妻子，先后有石氏、金氏、吕氏三人。

李守忠有两个儿子，长子李鸿名，次子李鸿基，二人相差20岁，兄弟俩非同母所生。相传李守忠的妻子吕氏，一直没有儿子，按照中国的传统观念，"不孝有三，无后为大"。为此，夫妻二人带着贡品，到山上的神庙中，燃起高香，祈求神灵赐予，守忠梦到神灵告诉他："让破军星做你的儿子吧。"所谓破军星，人们都说是天上主军队、战争之事的一种星象。后来生下自成，取名"鸿基"，他的乳名叫砲生、枣儿、闯儿、黄娃子、黄来儿。也有人说，李自成降生时，守忠梦到一个身穿黄衣的人来到土窑，因此就将他叫黄娃子。然而，这个"神灵所赐"的孩子，给李家带来了欢乐，并没有给李家生活带来转机。

李鸿名有一子，生于万历三十四年（1606年）九月，比李自成仅小一个月。由于一年里

毛泽东题写"陕人的光荣"

家里添了一个儿子和一个孙子，做祖父的李守忠就将孙子取名叫双喜，又名李过。双喜出生三个月，父亲鸿名便去世了。三年后，他的母亲也另嫁人家。

这时李家祖孙三代，日子虽不富裕，老两口省吃俭用，也还能过得去。当时大凡家境较好人家，都要孩子上学读书，学习《四书》、《五经》，而后参加科举取得功名。李守忠也是如此，李自成和李过8岁那年，一同到村塾里念书。李自成聪明、记性好、学习肯动脑筋，爱问个为什么，很为人喜爱；同时他精力充沛，爱打打闹闹，不喜欢一天到晚坐在那里念啊背啊，更厌烦那些毫无生气的学习内容。所以，一有机会，就和李过一起溜出村塾的大门，同村里的孩子们一起摔跤、角斗、斗拳，做打仗的游戏。后来，经常逃学，老两口和塾师虽然不断叱责、打骂，似乎没有什么作用。于是就辍学了。

艾家是当地数得着的大户人家，家中相当富有，人财兴旺，此时艾应甲字念槐，出身拔贡，先在四川乐至县做知县，升至福建漳州同知，有权有势，致仕后回到家乡。他的儿子叫万年。虽然住的也是窑洞，但艾家的窑洞却与穷苦人家大有不同，窑洞高大明亮，也很气派。在艾家门前的石牌坊，是艾家地位的象征。村上的孩子们经常在下边玩耍。这天，艾家人送客，一出门，见李自成躺在石牌上睡觉，便将他大骂一顿。后来，又发现他在艾家门墙下撒尿，便喝令仆役将他捆绑起来，毒打一顿。打完，还把他捆绑在庭院柱子上示众。

李自成13岁那年，母亲去世。家乡发生特大灾荒，旱灾、蝗灾接连而至。米脂县粮食歉收，家中缺粮断顿，为生计所迫，李守忠不得不忍痛把他送到一个庙里当和尚，随后又让他在当地一个回族主家牧马，又给姬家放羊。一次，他偷偷杀吃了主家的一只羊，为主家发现，遭到一顿鞭打，打得他血迹斑斑，遍体鳞伤。

李自成中等身材，鼻子偏小，高颧骨，深眼眶，说话微带鼻音，身体健壮，两臂有力，雄健善走，快跑时能追及奔马。黄土高原的地理环境，陶冶了他刚毅勇敢、不畏艰险、不惧强暴的情操，并使他从小喜欢舞刀弄枪，不只是健体防身，也是一种娱乐。侄子李过也同他一样，长得身强体壮，只是在臂力上稍有不及。叔侄二人与同村的刘国龙同岁，3人常在一起练拳比艺，骑马射箭，偶尔还在一起喝酒，干些淘气的事，有时3人畅谈抱负，相互鼓励说："吾辈须习武艺，方可成大事，读书有何用！"同龄人中有的想参加科举，考取功名，弄个一官半职，李自成则认为这条路走起来很难，就劝导说："若此世界，贿赂公行，听说为官考试必有7篇文字，武科也要考试策论，我们读书识字不多，又行不起贿，何必妄想这条道路！"他还对伙伴们说：男子汉大丈夫，应走遍天下，自成自立。并且说，以后我就改名叫自成，号鸿基。

罗君彦是延安府的退伍军官，武艺高强，在家收徒传艺，在当地颇有些名气。李自成听说后，没有跟父亲说，便徒步前往延安寻师学艺去了。这一年，他刚16岁。

罗师傅看他远道而来，就收留了他。他十分敬佩罗师傅的武艺，每天起早贪黑，用心地学。父亲知道后，对他在外习武很不放心，便到延安把他接了回来。有的说为了满足他学艺的要求，又将罗师傅请到家里来言传身教。如果这一说法可信的话，至少说这时的李家家境还是不错的。因为，太穷的人家是请不起家庭教师的。

转眼之间，李自成到了18岁。他和侄子李过都先后成家。不久，辛勤劳累一生的李守忠，终因病魔缠身，离开了人世。这时家中生活已不富裕，所以在守忠的坟前没有碑石，墓里什么随葬物品都没有。

打这以后，生活的重担全都落在他们叔侄俩身上。为了谋生，他先到一家酒店当佣工，没多久，就被解雇了。县东有一家铁匠铺，夫妻二人打铁为业，打铁时，重锤击打，火星四溅，满屋都是，人们都叫他满天星。李自成前去学艺，并与满天星结为兄弟。但这种营生收入甚微，不能维持生计。

李自成21岁那年，应募到银川驿站上当一名马夫。驿站是明王朝在全国交通线上设立的交通管理站。按规定每隔十里设铺，铺有铺长；六十里设驿，驿有驿马与驿卒。驿卒的主要任务是负责政府文书的上传下达以及相互传递，为往来的官员提供车马、食宿。制度规定官员不许假公济私，不许随便动用驿站的工具来为私家办事。这一制度实施的早期，差事还不太繁重，驿站上驿马的饲养费用，基本上由政府支付和乡里不服驿役的自耕农户交纳的养马钱供给。可是，后来官场败坏，驿站管理制度松弛，大大小小的官员，无论公事、私事，甚至家属旅行，都可凭借权势或私人关系，任意向地方官索要车马和扛运行李的役夫。有些贪官还向驿站索取超出制度规定的各种供应，乘机侵占国家资产。晚明陕西各地暴动迭起，军情以及公文往来频繁，往来于驿道上的官吏，络绎不绝。在驿站供役的驿卒，一天到晚忙个不停。

银川驿在米脂县境内，古名毕家寨，又名银川关，设于明成化七年（1471年）。北至榆林鱼河泽90里。驿卒分段转运。由于米脂及其周围州县地处黄土高原，境内多山，道路崎岖，车辆通行困难，各种物资运输、信息传递，主要是通过马匹与人力进行，所以驿站上的驿卒也就特别辛苦劳累。处于明末多事之秋的陕北边镇驿路较之往日更为繁忙。在驿站上供职的马夫是个苦差，无论盛夏酷暑，或是严冬冰封，都在忙于投递公文，护送过往官员，时刻都得提心吊胆；每天领取工食银二至三分，当时米价很贵，特别是明末陕西灾荒，米价上涨，有时斗米六钱，每天的工食银买不到半升米，且不说养家糊口，就连本人生活都难以维持，常常忍饥挨饿去当差。如此艰辛的生活，培养了他吃大苦耐大劳的精神，同时驿站上一整套严格的管理制度，也培养了他战胜困难的勇气。为了确保转运公文与物资安全，还要求他们时刻保持高度警惕，习学技艺，以防止匪徒的抢劫；同时要求他们彼此相互团结支持，以确保任务的完成。在此期间，他结识了一批患难与共、志同道合的穷朋友，对他以后的发展有着很大的影响。

米脂起反

天启七年（1627年）二月，陕北灾荒严重，澄城县知县张斗耀不顾人民死活，变本加厉地向百姓催粮逼税，人民因饥荒性命难保，哪有钱粮用来完粮。为了抗粮求生，数百人聚结在一起，在王二率领下，用墨涂面，手持利器，从西门冲进县衙，砍死知县，出聚山中。接着，攻克宜君县城，打开监狱，释放了关在大牢的囚犯。这一消息传出，在当地饥民中得到了强烈的反响。

崇祯元年（1628年），朱由检登极改元。然而，这位新天子并没有给人们带来福音。这一年，陕西旱情更加严重，夏秋两季，农业无收，造成大面积的饥荒。而自然条件较差的陕北高原，情况更糟。饥民已经吃尽草根树皮，甚至吃泥土，吃人。可是明王朝的贪官污吏还在逼着农民缴纳赋税，而且动用严刑峻法来惩治实在交不起赋税的人家，引起广大民众的无比愤慨。陕西各地走投无路的民众鸣金聚义，顿如风起云涌。边兵出身的王嘉胤在府谷发动起义，抢掠富室的粮食，遭到官府的镇压，遂北上与王二起义军会合，以黄龙山为中心向外扩展，众至五六千人。陕北高原点燃的民变星火迅速由陕北向陕西各地延烧，"开门纳贼，民尽盗也，缚将投贼，兵尽盗也"已不是个别的现象，挣扎在饥饿死亡线上的贫苦农民冲破官府的禁令和封锁，纷纷响应，有许多都是全家投入义军。作为明王朝统治工具的陕西士兵，也纷纷掉转矛头，或树起义旗，招兵买马；或加入起义农民的队伍。

第二年正月，在陕西境内洛川、淳化、三水、略阳、清水、韩城、宜君、中部、绥德、葭州（今陕西葭县）、耀州（今陕西耀县）、宁州（今陕西宁县）、潼关等20多个州县都有造反农民的活动，引起当局的极大不安。他们害怕朝廷怪罪下来，追究他们的责任。因此，采取报喜不报忧的做法，禁止各地上报变乱的消息。陕西巡抚胡廷宴对州县上报"盗贼"事，不问情由，先将来人打一顿板子，声称"这些都是饥民，掠至明春后自然就会平息下来"，何必大惊小怪呢！然而，实际情况却不像他说得那样轻松。农民起义地区天天在扩大，参加起义的人数一天比一天多，地方官再也无法继续掩盖了，纷纷硬着头皮向朝廷报告。兵部奉旨查核，地方官互相推诿。陕西巡抚胡廷宴将责任推给延绥巡抚岳和声，说变乱都出自那里，岳和声则说变乱的都是陕西内地的饥民。陕西巡按御史吴焕在上疏中说他们二人都有责任。

二月，陕西三边总督武之望看到农民起义形势的高涨，忧惧成疾，自杀身亡。崇祯帝任命左副都御史杨鹤接任三边总督，前往西安，负责镇压农民军。接着，又撤了陕西巡抚胡

闯王寨

廷宴、延绥巡抚岳和声的职，分别由刘广生、张梦鲸出任。这一人事上的变动，也没有使紧张的陕西社会矛盾缓和下来。起来造反的农民日益增多。

镇压和招抚造反的农民需要经费。这对财政极端困难的明王朝来说，更是雪上加霜。出于节省开支的动机，兵科给事中马懋才提出裁减驿站。按照朝廷的批复，经过三个月试行，从四月开始，正式推行全国，总计裁银60万两。这也就是说，每年能为国家节省60万两银子的支出。可以说是一个不大也不太小的数目。出乎意料的是，这一决定，直接损害了驿站上驿卒们的切身利益。尽管在驿站上工作的驿卒待遇很低，生活没有保障，但毕竟还有一份固定的收入。裁驿缩减了这一笔开支，就断了驿卒的生活来源。随之而来的，便是驿卒失业，流向社会，汇入流民大军。

李自成就是其中的一员。他应募后，在本县银川驿当差。不知是出于一时疏忽，还是有别的原因，不测之祸，一个接着一个。先是由他负责的两匹驿马死亡，要他赔偿，这是制度规定。而且这种赔偿必须如期缴上，不得拖欠和拖延。但一次拿出两匹马价银两，对于家境困难的李家来说，简直是一场灾难。为了填补马价，李自成不得不向艾家借下阎王债。这是李家败落的主要原因，也是导致他陷入沉重债务的主要原因。此事未了，又有一事发生，他投递的一份公文丢失了。而对他影响最大的还是这次明政府的裁减驿卒。

回到家里的李自成没有生活来源，更无还债能力。为了谋生，他同侄子李过到绥德州求助于一位姓钟的武生，钟武生让他们二人在一处窑洞里落脚。这时正是寒冬季节，外面大雪飞扬，窑内寒气袭人，二人手脚冻僵，便到外面找木柴生火取暖，在冰天雪地里，怎么也找不到木柴，只是在一座文庙里见有一些木牌位，就拿了回来，点火取暖，第二天，为村上人发现，说他烧的是木主，是对圣贤的大不敬，于是一场大祸降临在他的头上，他被扭送到官府，关了一段时间后才放出来。

接下来，家中一桩人命案的出现，将他推上了绝路。

盖君禄又名盖虎儿，是县衙中一个当差的。与李自成的妻子韩氏有暧昧关系。身为驿卒的李自成每天忙于公务，经常出门在外。盖虎儿不断到家中来。日子一久，奸情终于被察觉。风言风语，不时传入李自成的耳朵里。这天黎明，李自成从外面回来，当场碰上那个恶棍。李自成满腔怒火，持刀就砍，杀死了自己不贞的妻子，盖君禄夺门而逃。因是人命大案，不可宽宥，因而为官府缉拿，被关进死牢，等待日后处决。

李自成无力偿还艾家的债。艾同知大为恼火，乘此机会，唆使米脂县县令对他施以酷刑，将他带枷在烈日下暴晒，并派差役看守，不许人送水送食，借以显示自己的威严。李自成在烈日下又饥又渴，晕倒在地。昔日与他共事的驿卒兄弟们，送食物给他。艾同知发现后，破口大骂，并且吩咐看守们严加禁止。李自成气愤地说：我就在烈日下晒死又有什么呢？他用尽全力挣扎起来，身披重枷，坐在烈日下，不饮不食，进行绝食抗争。驿卒和城内一些人十分同情他的悲惨遭遇，实在看不下去了，就一哄而起，冲上前去，驱逐看守，砸毁枷锁，一道逃出城外，隐蔽山林中。县尉乘马率领吏卒进行追捕，不敢进入密林。傍晚，躲进山林的民众手持木棒，冲出山林，高喊杀声，县尉受惊坠马而亡，吏卒四处逃窜。他们从官府那里夺取了弓刀器械，从此走上了造反的道路。

有记载说：这天夜里，李自成率众乘势袭城，奋袂一呼，饥民群附，一夜得千余人，出城而走，转掠远近。旬日间，其势益众。康熙《米脂县志》里也说，李自成是银川驿的马夫。因裁驿站、饥荒，无法生存，遂进行暴动，奋臂一呼，卒至土崩，不可救药。

当时陕北起义军王嘉胤、罗汝才、张献忠、马守应、蝎子块等部，都已渡河进入山西。李自成起事后，力量单薄，便率部投靠名叫不沾泥张存孟的义军，并且在他手下做了队长。张存孟也是米脂县人，是崇祯元年（1628

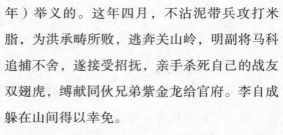

年）举义的。这年四月，不沾泥带兵攻打米脂，为洪承畴所败，逃奔关山岭，明副将马科追捕不舍，遂接受招抚，亲手杀死自己的战友双翅虎，缚献同伙兄弟紫金龙给官府。李自成躲在山间得以幸免。

五月，李自成带着李过与军中不愿投降的士兵东渡，进入山西绛州，投奔了闯王高迎祥。高迎祥是延安人，起义于崇祯元年（1628年）。有记载说他是李自成的舅舅，有人对此提出怀疑，说李自成的母亲不姓高。实际上这是很难说清的。因为中国农村的亲族关系十分复杂，母辈有直系，也有远门，还有拐来拐去的一些称谓。依据现有的材料，可以认定他投奔的主要原因不是亲族关系，而是由于高迎祥在当时的影响。这时高迎祥部下已聚集了一批武艺高强的战将，部众分作八队：即一队钱眼儿、二队点灯子、三队李晋王、四队蝎子块、五队老张飞、六队乱世王、七队夜不收、八队李自成自号闯将，从此闯将成为李自成的代称。闯将的含义为勇猛善战的将领。这一称号，表达了这时候他的志向，也在一定程度上反映了他在义军中所处的地位。有记载说四队马步700，二队马步500，六队马步1000，五队马步500，八队马步700，八队就是他在当年所拥有的兵马数。

高迎祥

　　这时，正遇到义军盟主王嘉胤在阳城遭到暗算被杀，他手下的右丞白玉柱也投降了明朝。刚刚走上联合的义军失去了首领，一时义军群龙无首，军心动摇。在这危急时刻，大家共推王嘉胤的左丞紫金梁王自用为盟主，会合山西境内各支义军，组建三十六营，众号20万，重新投入了战斗。这三十营都是战斗在山西地区重要的义军，具体是谁，各种文献记载不一。闯将李自成名义上属闯王高迎祥部下，实力与影响还不及八大王张献忠，可也有了一定的地位，已是"三十六营"首领之一了。

　　大清南下畿辅地区的军队已饱掠而还，明政府又将注意力集中到各地的起义农民身上。陕西总兵王承恩、甘肃总兵杨嘉谟等部勤王兵，先后被调回陕西参加追剿。洪承畴一面派出官军追剿留在陕西的起义军，一面抽调兵马尾随入晋，配合山西官军夹剿。但在山西境内起义军却在继续发展，分兵四出，各自为战，流而不居，使官军疲于奔命。

艰苦奋战，几起几伏

崇祯四年（1631年）九月，陕西三边总督杨鹤因其招抚主张破产被解职，接替他的是陕西巡抚洪承畴。洪承畴是朝中主剿派的代表人物之一，就任后立即加快对农民军的攻势，命甘肃总兵杨嘉谟、固原总兵杨麒、临洮总兵曹文诏、延绥总兵王承恩、宁夏总兵贺虎臣和定边营副将张应昌，各率兵大举进剿。

陕西各地的义军相继遭到镇压。但是，山西境内的义军四处出击，闹得风风火火。七月，闯将、八大王、老回回、紫金梁、翻山鹞高杰等掠蒲州（今山西蒲县），攻城三昼夜，不克。遂分兵精锐300人攻打大宁，三更城陷。接着，夺取隰州（今山西隰县），射杀知州杨玮。八月，山东道御史刘令誉在一份奏疏中曾说："有自贼中逃回者言，旧在晋中贼首掌盘子等十六家，最枭獍者为闯将、紫金梁，戴金穿红，群贼效之，遂皆以红衣为号。"这位闯将就是李自成，说明此时李自成已是山西16家义军中与紫金梁齐名、战斗力最强的代表人物。身着红衣是他们的标志。

明政府为了加大围剿农民军的力度，以玩寇纵贼为罪名追究山西巡抚宋统的责任，免去他的巡抚职务，任命许臣接替。许臣重新组合兵力，以重兵屯驻泽州，以陕西、河南、山西三省之兵合力围攻，秦兵向东追剿，豫兵向西截杀，晋兵从中邀击。自以为这是万全之策，可使农民军全军覆没。这时李自成也在试探攻击目标，力求避实击虚，找出薄弱环节，十二月，从沁水长驱而入，直抵武乡，攻打辽州（今山西辽县）。明将尤世禄凭着多年作战经验，用他自己的话讲，即"闻警熟思"，立即将部队掉转方向，向辽州反扑过来，双方激战两昼夜，农民军据城固守，尤世禄和他的儿子副将尤人龙都被射伤。尤世禄在塘报中说："职所尾随之贼系紫金梁等，而闯将等系西河之贼，不知何故放松，令其蹂躏东向。唯恐有破巢覆卵之患，于是不暇顾所尾之贼，急拟走辽州应援，以全疆土。"二十四日，李自成一举拿下辽州，打得尤世禄晕头转向，有力地支援了紫金梁北上攻围阳城的军事行动。鉴于这一任务的顺利完成，除夕这天，李自成出其不意地离开辽州。就在这天深夜三更时分，尤世禄率领军队进入辽州，横施淫威，大肆屠杀，砍下城内百姓的头颅冒功向朝廷请赏。如此作为，岂能不激起民众的愤恨！

然而，辽州战役的胜利，未能扭转山西战局。三省重兵像饿狼一样窥视着起义军。崇祯六年（1633年）正月，在山西各地的义军被迫向畿南豫北转移。李自成率先由辽州出发，越过太行山进入畿南，到达顺德西山，遭到明大名道卢象升的阻截，遂向南穿过摩天岭险道，到达山岭起伏的武安（今属河北）。与明将左良玉部相遇，战而胜之，一下子歼敌7000人，打出了威风，声威大震。明政府害怕农民军在太行山立营扎寨，招兵买马，扩大实力，便追究地方官的责任，免去河南巡抚樊尚璟，代之以玄默。又下令调总兵邓玘将川兵2000人，以石砫土司马凤仪为副，一同驰援河南。玄默就任后立即进驻彰德（今河南安阳），亲率邓玘、左良玉、曹文诏、汤九州部在怀庆（今河南沁阳）、卫辉、彰德三府进行堵截。

五月十日，紫金梁在武安县南五十里之尖山与明川将邓玘、左良玉夜战，身受重伤，臂重四箭，喉中一箭，不久死于济源之善阳山。他的部下2万余人尽归于李自成。而李自成原有的部众称之为老府。

在明军的围追堵截下，李自成等部在怀庆作战连续失利，退居太行山中。八月中旬，再战于林县（今河南林州市）水冶，高迎祥误中埋伏，在突围中身受箭伤，差点成了俘虏。九月，明总兵倪宠、王朴率京营6000人，由太监杨进潮、卢九德监军赶到参战，在玄默的指挥下，兵分三路进行合围。此时李自成的名声已同高迎祥并驾齐驱，成为农民军的主力之一。

战斗异常激烈。大大小小的战斗有数十次之多，双方互有伤亡。在黄河以北晋、冀、豫三省交界地区，官军由北向南推进。李自成、高迎祥等15营义军由北向南转移，波涛汹涌的黄河天险挡住了他们的去路。他们被压缩在武安、涉县、济源一带，活动范围越来越小。虽说总数在10万人左右，其中不少是随军家属，粮食供给极端困难，面临的是灭顶之灾。

此时此刻，李自成等首领们聚集一起，商讨摆脱困境的办法。张妙手等提出可以用假降办法来摆脱险境，为大伙所接受。马上派出代表前往明军行营与总兵王朴进行谈判，表示愿意接受招安的诚意。

第二天，明京营总兵王朴接到了张妙手、闯塌天、满天飞、邢红狼、闯将李自成的请降书："叩首言：我等皆良民，因陕西荒旱，致犯大罪。今誓归降，押还故土复业。"王朴和监军太监杨进潮、卢九德不知是计，大喜过望。三天后，农民军首领张妙手等12人亲至行营，面见王朴，送上接受招安的农民军首领名单，包括高迎祥、李自成、张献忠在内，共计61名。王朴与监军太监杨进潮等按捺不住内心的喜悦，马上奏报朝廷，同时停止了对农民军的进剿。这样，就为农民军赢得了喘息时机，有可能进行新的谋划。

然而，就是在这个节骨眼上，老天爷给予了特殊的关照。十一月二十四日，河南、山西东部气温骤然急剧下降，山西垣曲至河南济源之间，黄河封冻，为农民军渡河提供了新的方式。这一情况的出现，引起聚集在这里的义军将士的高度注意。他们根据当地百姓提供的经验，决定坚冰渡河。选择在冰层厚实的地段，为防止人马滑倒，采取在冰上铺上门板，再撒上一层土的办法，以保证人马安全通过。二十四日，十余万将士，分作三路，从北岸济源的毛家寨出发，策马渡河而南，到达南岸渑池县的马蹄窝、野猪鼻。河南防河中军袁大权仓促迎战，被当场击毙。武安、涉县的义军，也随之而渡，从而甩掉了官军，开辟了河南新战场。历史上称这一事件为渑池渡。塘报火速送到河南彰德府武安县时，杨进潮、卢九德还不信，他们向北遥祝、恭请圣上放心的三炷檀香还在点燃。有材料记载说，明军发现农民军已渡河而去后，也组织兵马乘坚冰抢渡，行至河心，冰已融化，一些士兵因此掉进黄河而丧生。人们说不清是什么原因，归结为天意。

河南地处中原，此时防御力量相对较为薄弱，文武官员们还没有同农民军作战的经验。河南巡抚玄默见流贼主力涌进，朝夕焦虑，既怕洛阳有失，又怕开封不保，火急请兵增援，一面命左良玉率兵赴援嵩县、卢氏、永宁等处，一面命邓玘、李卑二将率兵赶抵洛阳，兵分三路，合力夹击。十二月初四日，崇祯帝下令：贼既渡河，豫境邻壤地方，俱宜严防奔突。秦、郧之地准允各抚通著选调将士扼要截剿，豫、晋抚、监急督左良玉等合力追击，仍严饬道府州县等官，鼓励乡兵各自用力进行堵御。务克期扫荡，如再玩忽职守，贻误战事，必不轻贷。可惜为时已晚，农民军渡河之后，在当地贫苦农民支持下，一个月之内，战火延烧到河南西部各个州县，进而分成两路，主动出击。

高迎祥、李自成、马守应、张献忠等率部进入豫西卢氏山区，这里"崇山造天，牙距趾错"，道路险阻，形势非常险要。一些失业的流民，不顾朝廷禁令，入山开矿、伐木烧炭，为了对付官府的追逐驱赶，往往结帮，组建自己的武装，当局称之为矿盗。农民军到达之后，当地矿徒们纷纷从军。他们劈荆斩棘，由山间小路到达内乡，经邓州、淅川，进入湖广的郧阳、襄阳地区。连克郧西、上津、房县、保康诸县，"直走空虚无人之地，其快捷若风雨之至"。明郧阳巡抚蒋允仪束手无策，无奈上书请死自责。在起义军的强大攻势面前，中原腹心地区乱成一团，四川、陕西、湖广也纷纷告急。

崇祯七年（1634年）二月，明政府决定设立五省总督一职，全面负责陕西、山西、四川、湖广、河南五省军务，专门对付农民军，任用延绥巡抚陈奇瑜为兵部右侍郎兼都察院右佥都御史，总督陕西、山西、河南、湖广、四川军务，视贼所向，随方剿抚。这是明廷为镇压农民军设立有权节制几省文武官员的总督职务的开始。四月，下令将失守郧西、上津诸县的郧阳巡抚蒋允仪撤职逮问，任命卢象升为都察院右佥都御史，提督军务兼抚治郧阳等处地方。郧阳巡抚辖区的范围包括：湖广的郧阳（今湖北郧县）、荆州（今湖北江陵县）、襄阳三府，河南的南阳府，陕西的汉中府以及商州（今陕西商县）所属商南、雒南等县。卢象升奉命后，立即单骑启行，兼程赴任。一场新的围剿由此展开。

陈奇瑜受此重任，即率师进抵均州（今湖北均县），谋划征剿事宜。马上差官飞调各镇总兵、副将、参将、游击等官入山合剿，并檄四巡抚参与会讨。其部署是：陕西巡抚练国事驻兵商洛，遏制西北义军；郧阳抚治卢象升驻兵房县、竹山、竹溪，遏制西部义军；河南巡抚玄默驻兵卢氏，遏制东北义军；湖广巡抚唐晖驻兵南漳，遏制东南义军。陈奇瑜会同卢象升督促总兵邓玘、副将柳国镇、杨正芳及参

张献忠

将张天礼、贺人龙等，在湖广郧县、上津、竹山、竹溪至陕西旬阳、平利一带，自夏及秋，驱迫士兵分道入山，进行两个多月血腥搜查，要求做到"无穴不搜"。农民军受到了一定损失，翻山虎等12名首领被俘，农民军战士前后死者达13800余人。陈奇瑜踌躇满志，得意之情溢于言表，马上上奏朝廷，声称贼不日可平。

六月，李自成等部受到官军的威逼向西进入陕西。陈奇瑜尾随其后，兵力大约2万人，在数量、装备上都不及农民军，遂在陕西汉水南部，利用车箱峡有利地形围歼农民军。

车箱峡位于兴安州东南50里，在今平利与安康县的分界处，长40里，形状像狗脊骨，因而又名狗脊关。山高峻险，四面绝壁，道路崎岖难行，而且只有一条通道。李自成部36000人进入车箱峡，遭到前后堵截。炮火相当猛烈，两岸绝壁上面不时往下扔石块、发射弓箭，或纵火烧林，加以阴雨连绵长达40天之久，粮草俱缺，人饥马乏，无法支撑，农民军损失惨重，死亡过半。

此刻李自成沉着应敌，采纳谋士顾君恩的建议，主动向陈奇瑜提出愿意投降，回家种地，把军中缴获所得金银财物集中起来，派人送往陈营，贿赂其军中将领。官军本来就贪生怕死，不敢同义军打硬仗，得了贿赂以后更加力主招抚。陈奇瑜也认为义军是在走投无路情况下来降，是真投降而不是假降，自以为大功告成，便决策招抚。他马上报告朝廷，得到兵部尚书张凤翼的支持。崇祯帝也信以为真，立即准允，陈奇瑜代表政府同义军达成了招安协议：由陈奇瑜按起义军战士数目，发给免死票，并且负责遣返原籍安置，所过府县由当地政府供应粮草，同时下令各部官军派人护送，以免发生冲突。史料记载，当时义军开报的受抚人数有3600多人。每100人编成一队，在安抚官的护送下整队而出。

八月十四日，李自成走出险境到达凤翔，一夜之间，将50余名安抚官全都捆绑起来，或杀、或割耳、或杖责、或捆绑掷之于道旁。其他各支农民军，也重整旗鼓，分兵出击，纵横长驱，再显威力，彻底粉碎了陈奇瑜的围歼阴谋。陈奇瑜先将责任归之于宝鸡知县李嘉彦，说他阻挠抚局，杀降激变；继之又把责任推给陕西巡抚练国事。崇祯帝不了解详情，又因这次招抚是自己批准的，先后下令逮捕了李嘉彦、练国事等人，命李乔接任陕西巡抚。而对陈奇瑜则不予追究。不久，给事中顾国宝和陕西巡按傅永淳等人上疏揭露陈奇瑜主抚之失，崇祯帝才将陈奇瑜革职拿问。李自成自此名声大振，成为引人注意的人物。

李自成脱险后，连克麟游、永寿、灵台、白水等地，队伍迅速扩大到20余万人。闰八月，进抵陇州。守城的是明参将贺人龙。洪承畴获悉，立即派枭将左光先驰援陇州。李自成以部将翻山鹞高杰为前锋，围城41天，未能克城，主动撤军。

陈奇瑜解职后，洪承畴被任命为兵部尚书、总督五省军务，仍兼三边总督，获赐上方宝剑、旨准便宜行事，自西安驰赴河南，立足未稳，获悉凤阳失守，惊惶万分，一面上书请求给予处分，表示要与农民军决一死战；同时遣各路官兵驻防湖广、河南，以便相机援剿。四月十二日，他在汝州召开重要军事会议，制定作战方略，重新布置战局，左良玉、汤九州驻守内乡、淅川要道之吴村堡，尤世威、徐来朝驻守朱阳关南的蓝草川，陈永福驻守卢氏、永宁诸隘口；又令尤翟文、张应昌自郧阳转赴兴安、汉中，与总兵左光先、赵光远会合，自率秦将贺人龙、刘成功等将领入关。

战事的发展，没有按照他们所想象的轨迹运行。汝州会议刚结束，明军兵变的消息接连传来。参将徐来朝奉命守朱阳关，士兵畏怯，不肯入山，兵哗于卢氏。总兵邓玘率部防守汉江，士兵因缺饷而哗变，登楼越墙逃避，不少人坠落火巷烧死，全营骑兵溃散，步兵也迟迟不愿出动。五月初，楚、豫两省各大股农民军，先后都回到陕西。张献忠、马守应等整军耀武于商州、雒南之间；高迎祥、李自成等出终南山，北渡渭河，连营50里，直趋西安。

这年六月，闯将李自成偕同过天星、乱世王等部，在乱马川俘获明前锋中军刘宏烈，又在宁州襄乐镇会战明军，副总兵艾万年、刘成功、柳国镇与游击王锡命等，率兵3000人在襄乐镇陷入埋伏，奋力突围退入巴家寨，复遭农民军的围困，艾万年当场遭擒杀，柳国镇战死，刘成功、王锡命负重伤逃归，官军千余人被歼。总兵曹文诏得知艾万年被杀，拔刀砍地，号叫一定要报仇雪恨。他急切向洪承畴请战，洪给他打气："非将军不足办此贼，顾吾兵已分，无可策应者，将军行，吾将由泾阳赴淳化，以为将军后劲。"曹文诏以其侄曹变蛟为前锋，自领步卒殿后。二十八日，与农民军相遇于真宁县（今甘肃正宁）东60里之湫头镇。农民军诱敌入伏，退兵30里，曹变蛟恃勇穷追，遭到伏兵的突然袭击。农民军分别把曹文诏、曹变蛟包围在两地，起初还不知陷入伏中的将官是谁，忽听一俘虏高喊："曹将军救我"，才知道原来被困在重围中的就是赫赫有名的总兵曹文诏。农民军战士异常振奋，倍加勇猛，过天星张五正面力战，闯将李自成、乱世王蔺养成左右夹击。一时万箭齐发，喊杀声惊天动地。曹文诏身受重伤，自知难以得脱，拔刀自刎，部下游击材官死者20余人，部卒溃散。

明政府再次调整地方封疆大吏的人选。罢去湖广巡抚唐晖，以郧阳巡抚卢象升出任湖广巡抚，任命宋祖舜为郧阳巡抚。罢去河南巡抚玄默，以陈必谦出任河南巡抚。罢去陕西巡抚李乔，以甘学阔出任陕西巡抚。任命卢象升总理直隶、河南、山东、四川、湖广五省军务，赐上方剑，专门负责中原的防务。而五省总督洪承畴的防务重点则在西北。

八月，闯王、闯将各有众7万，全系精骑劲旅。闯将李自成为官军所注目，被视为"特劲"人物，克咸阳，转往泾阳，将大营驻扎在醴泉石鼓、赵村，派出别部驻扎淳化、耀州交界之七里原，正考虑采取下一步军事行动，突然一件意外事情发生，使他陷于十分被动的地位。翻山鹞高杰与李自成都是米脂人，也是崇祯元年（1628年）民变领导人之一。因有通敌嫌疑，被李自成从前线调回"老营"。"老营"是供应前方各种军需物资的后勤总部，负责人是李自成的妻子邢氏。据说邢氏年轻貌美，深通武艺，颇有掌家才能。高杰回"老营"后，每天支领粮饷、器仗，分合符验，都要与邢氏直接打交道；久而久之，两人竟发生了暧昧关系。高杰惧怕奸情败露，二人合谋于八月二十四日潜逃，投降了官军。洪承畴让他隶属于贺人龙麾下，他以"立效为信"，死心塌地效忠于明王朝。这就削弱了李自成的势力。

崇祯九年（1636年）正月，闯将李自成等驻师韩城县，原本打算由禹门口东渡黄河，进入山西，因晋省防务有备，不能渡河，后决定攻打县城，屡攻不克。二十五日，乘雪夜偷袭县南咽喉重地芝川镇，为官军发觉，用大炮轰击，偷袭未成功。次日，李自成下令起营，由县城出发，分东西两路北上。援剿副总兵曹变蛟同铁骑营副将马有才、游击崔重亨、孙守法及都司齐勋，与韩部营参将王永祥等所率兵马相继到达。在卢象升的指挥下，对闯王高迎祥展开大举进攻，悬重赏以购闯王之首。三月，在东北，以满洲贵族为首领的皇太极改国号后金为大清，自称皇帝，改元崇德，以这年为崇

皇太极

德元年（1636年）。自此，清对明的战争也就更加频繁而剧烈。

活动在陕西的闯将李自成部下有三四万人，与他联合的还有过天星、满天星各3万人，混天星2万人，总数在10万人以上，转战于陕西华州（今陕西华县）、宜君、鄜州（今陕西鄜县）一带，累获战捷。二月，宁夏发生兵变，愤怒的士兵杀死了巡抚副都御史王揖，洪承畴闻讯赶回固原，会同兵备副使丁启睿进行镇压。李自成利用这个机会，补充给养，整顿兵马，投入新的战斗。为时不久，宁夏兵变即被平息。洪承畴返回后，将矛头直指李自成。李自成联合混天星部，共五六万人，在干旱苦寒的陕甘高原，采取以走制敌的运动战战术，同洪承畴展开了历时数十日之久的战斗。战斗一开始，农民军就紧紧咬住洪承畴的军队不放，拖住它，大打与小打相结合，一日作战几个回合，边走边打，边打边走，不给明军以喘息机会。战线起自陕西澄城，经韩城、郃阳、宜川、延安，由陕北折而往西，至甘肃环县、庆阳，再到固原、宁夏，行程数千里。使洪承畴陷于战又不胜，舍又可惜，进难有得，退难自保的困境。就这样，洪承畴居然在那里天天自我吹嘘，取得什么什么大捷，事实上是农民军的数量不仅未见减少，反而声势越来越壮，人数越来越多。

由于农民军相继入秦，明政府以为陕西官员用事不力，三月，罢去甘学阔陕西巡抚的职务，改由孙传庭出任。罢去郧阳巡抚宋祖舜，改由苗胙土出任。五月，孙传庭就任，与洪承畴分担防务，孙坐镇西安，将注意力放在张献忠身上，洪承畴专力对付李自成。

这时，李自成在陕北，本打算率部进入山西，由于山西巡抚吴甡在沿河严密设防，昼夜巡逻，原定在绥德、清涧渡河东进的计划不能实现，遂折而向北。九日，农民军的主力在绥德与吴堡之间的义合镇同明榆林总兵俞冲霄的部队相遇，过天星突然率部退走，西向安定，在此设下埋伏，俞冲霄尾随其后，军至安定，遭到伏兵的袭击，全军覆没，而这些军队都是绥延的精兵。他本人也为农民军俘杀。接着，农民军攻下延安府绥德州和米脂县。米脂县是李自成的故乡，李自成自起事以来，已有8年没有返回故乡了。此时，回到家乡，见到了父老乡亲，大家都十分高兴。他让人找来米脂县知县，告诉他这里是我的家乡，你不要虐待他们。并且拨给银两，要他雇请工匠修理文庙。

李自成在故乡，稍事停留，即率师往攻榆林。遇到无定河水骤涨，来不及预备舟楫，一些士卒为洪水夺去了生命。于是改道向南，从韩城往西，渡泾河，过渭水，深入汉中。当高迎祥正准备攻取汉中府沔县、略阳时，李自成带着队伍打到了汉中府凤县，并由凤县经两当入徽州，到达略阳，打算和闯王会合。洪承畴闻警，一面遣总兵柳绍宗从徽州往略阳，堵截李自成去路，一面遣兵往徽州，扼住李自成后路。堵截闯王高迎祥则由陕西巡抚孙传庭带兵亲自出马。

七月，清兵自喜峰口入边，京师戒严。清兵连续攻下昌平、宝坻等十六城。国内战局的这一变化，使明政府把注意力移向保卫京师抗击来犯之清军上。崇祯帝急速命令正在围歼农民军的总理卢象升率兵入援。

高迎祥率部由汉中出陈仓子午谷向西安进军，军行至周至黑水峪，遭到刚上任三个月的陕西巡抚孙传庭的拦截。孙传庭文武双全，英勇善战，凭借自己的睿智，利用黑水峪形势险要的地形与农民军兵强人众的麻痹大意，诱使农民军陷伏。

黑水峪在周至县城南25里，又称芒谷，芒水发黑色，人们又称为黑水峪。闯王高迎祥部众不下10万人，步骑结合，是很有实力的一支部队。孙传庭手下只有3000人。双方兵力悬殊。农民军处于绝对优势地位。七月十五日，闯王到达黑水峪南3里仙游潭附近的仙游寺，遇到明军。战斗一开始，明参将李遇春即被农民军击伤，带着残卒仓皇退却。农民军虽然获胜，可也十分疲惫，军中许久缺粮，战士们许多在患病，闯王也在患病。加上连日大雨，露宿野地，缺乏遮盖，饥寒交迫，难以支持。二十日，大雨，溪涧满溢，山水横流，到处一片汪洋。孙传庭先一日在仙游寺附近树起两面大旗，一面白旗，一面红旗：白旗表示投降，红旗表示抵抗。农民军个个奋勇争先，朝着红旗猛冲。结果中了孙传庭的陷阱。闯王骑着马，往来指挥。但他身体也支持不住。明军发现他这种情形后，迅速包围过来。他下马，拿出弓箭，朝着敌人猛射。官兵无人敢接近于他。不料，这时他骑的战马受惊狂奔而去，一些随从相继受伤躺倒在血泊中。他趁着弥漫的大雾，奋力挣扎，翻山越岭，穿过茂密的荒林，藏到一个杂草覆盖的石洞中，高烧使他陷入半昏迷状态。最后还是为孙传庭的向导张驴子发现。他和部将领哨黄龙、总管刘哲三人同时被俘。两月后，他被孙传庭用槛车押往北京，在紫禁城午门向朝廷献俘，后杀之于午门。高迎祥死后，李自成为部众拥立为闯王，成为各路义军的盟主，自是而后，闯王成为李自成的称号。尽管他公开以闯王名义发布文告号召民众是在攻克洛阳之后。

八月下旬，清兵始由建昌、冷口关出关，饱掠而归，明政府立即将作战的重点继续放在对内围剿农民军上。改任卢象升总督宣大山西军务，复以王家祯巡抚河南，总理直隶、四

崇祯皇帝

川、湖广、山西、陕西军务。

崇祯十年（1637年）正月，李自成等部农民军在宝鸡大败官军，向东攻打泾阳、三原，西安守军躲在城内不敢出战。而张献忠、马守应、罗汝才等部却在江北战场上纵横驰骋，南京为之震动。

二月，明政府任命兵部尚书杨嗣昌为督师，拨银四万两，赐以上方宝剑，又亲自送杨嗣昌出京，要他赴湖广专门剿平张献忠。杨嗣昌慷慨激昂地作出承诺，要在三个月内把农民军消灭在河南、陕西一带。为了落实这一狂妄的计划，明政府任命熊文灿为兵部尚书、副都御史、总理直隶、山西、陕西、河南、四川、湖广军务，专门督剿流寇。至此，杨嗣昌的主剿与熊文灿的主抚得到了完整的结合。随着明政府新一轮的军事镇压与政治瓦解策略的实施，农民军的斗争形势急转直下。

这年夏秋，李自成转战在陕西与四川交界，有胜有负。八月，他与过天星、混天星、满天星、中斗星、猛虎、大天王、混天王、争管王等九部联合由汉中出栈道到达宝鸡。循渭河东岸南行，其势甚猛。行军队伍东西宽40余里，欲由周至、户县、渭南、华州，东出潼关。陕西巡抚孙传庭说此次声势，远非昔比，急向洪承畴发出率部进行堵截的呼吁。李自成为了避免前后夹击，乃率部进攻汉中，遭到曹变蛟的阻击，损失惨重，李自成的战马被射死城下，人也差一点受伤，遂撤汉中之围向西南而去，以十万众，大举入川，十月十九日，首战告捷，夺取宁羌州（今陕西宁羌县），旋克昭化，杀死县令王时化，再克剑州（今四川剑阁），杀死知州徐尚卿，击杀明总兵侯良柱于百顷坝之垓心。三路大军相继会聚成都城下。十一月二日，李自成下令围攻成都，守城巡按陈廷谟飞章告急求救。农民军持续围城20日，未能攻下，可也展示了农民军的勇气和力量。他们不仅能够攻城略地，而且还敢于攻打省城成都那样的大城市。李自成撤围成都后，连克川中绵州、江油、彰明、盐亭、郫县、温江、彭县等38州县，影响极大。

消息传来，崇祯帝坐不住了。朝廷以为责任在于四川巡抚王维章，将他关进大牢，问以死罪，改由孙传庭出任；陈廷谟降三级，令其戴罪自赎；起用傅宗龙为右副都御史，巡抚四川。罢去陈良训郧阳巡抚的职务，改由戴东旻出任。令孙传庭移镇商州，专制关内的三边总督洪承畴也不得不提兵入川，进驻广元。各路援军日夜兼程向四川开拔。

崇祯十一年（1638年）正月，李自成率部，由成都北上返回陕西，经梓潼，到达剑州一带，据山列营。此时，明三边总督洪承畴亦率明军自陕境进入川北，前来堵截，由广元到达保宁后，匆忙地作了些军事布置，便命令总兵左光先、曹变蛟分两路进行围攻。双方战于梓潼，经过七日七夜的激战，九部农民军迎战失利，但实力并未受到损失，改沿山路分道返回秦中，二十日，到达文县，人马尚有数十万。由于明政府大力推行诱降政策，刘国能等义军首领相继降明，特别是当时农民军主力的张献忠也在接受明朝的招抚，使明王朝有可能集中兵力去镇压那些不愿意投降的起义农民。

在这种情况下，不愿意投降的李自成经受到了前所未有的巨大压力。他在河州、洮州（今临潭县）连续遭到明军两次袭击，人员和马匹损失很大，打算西向进入少数民族地区补充人马。

洪承畴闻报李自成已渡洮河，一面急令总兵左光先于四月初七日自景古城起行，率副将马科等官兵，由北路临洮、巩昌疾趋截杀；敦催总兵曹变蛟自新洮州起行，率副将贺人龙等，由南路岷州（今甘肃岷县）入山追剿。他本人也亲自出马，带领总兵祖大弼、原任总兵王洪，由临洮趋秦州以东，入山搜剿。李自成带着300余人，昼夜兼程疾驰，这天晚至甘肃礼县西北的马坞南20里的一个村庄住下，第二天黎明，明总兵左光先的部队也到达马坞，幸运的是，四五更时分，李自成已离开了马坞。同一时间，两军已拉开距离四五十里。左光先原打算赶到李自成军前进行截杀，但没有搞清李自成的行军路线，结果背道而驰，两军相距越来越远。事后，洪承畴后悔不已。他

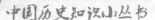

说接到察报以为李自成仅领三百丧败之众，是数年未有之机会，理应穷日夜之力，擒获闯将，不料左光先计算不到，追赶不紧，竟使李自成"脱然远逝目前"。

李自成走出宁羌地区后，部队伤亡失散严重，士气低落，受抚逆流也在义军中滚动。薛仁贵、焦得名在渡洮河时被官军击溃，带领老管队九条龙刘进福、亢金龙康荣、上天龙任月才等投降了官军。昔日随同他征战的六队首领中黑煞神、新天王、搜山虎、闯事王等，渡过洮河后也先后投降了官军。原蝎子块部下以骁雄著称的小闯将（后改号金龙）赵云飞和奎木狼刘应封、黄巢王黄锁也战败投降。甚至闯王高迎祥的弟弟中斗星高迎恩也投降了明军。形势十分危急。尽管如此，他仍保持着沉静，紧密地团结一练鹰、关索部千余人及争管王、祁总管等部，机智地与官军周旋。

五月至十月间，在九部联军败降过半的情况下，李自成仍在汉中顽强地坚持战斗。

四川新任巡抚傅宗龙害怕崇祯十年（1637年）的局面重现，集中四川兵力和他从云南带来的部队，配合陕西官军夹击，李自成等在川的农民军寡不敌众，因而退居山中。在极为艰苦的条件下，度过了将近半年时间。他深知只有打出山去，与他部农民军会合，才有胜利的希望。而坐困乏食是一条自缚待毙的道路。他利用明军部署上的弱点，选择左光先防守的汉中府地区为突破口，成功地打出了四川，又回到了陕西。出五郎口，欲渡汉江。左光先闻报，慌忙亲统官兵从宽滩过江，沿江岸东行追击。八月十六日黎明，农民军渡江北，临近城固县，人员锐减，只剩一千四五百人。左良玉率部过江紧追60余里，至城固县升仙口，被农民军甩脱。李自成带领部队疾入深山老林之中，转瞬即逝，使敌人找不到踪迹。左光先至升仙口后，大肆屠戮。祁总管、争管王率部降于左光先，后来一练鹰也投降了明朝。在他们看来，李自成即使有天大的本领，这次也难逃他们的手掌，其下场要么是擒斩于官军之手，要么是困死于山林之中。洪承畴兴奋不已，不等最终结果出现，急不可耐地向朝廷报功，胡说什么秦中各股大贼，节次剿降俱尽，可以渐进廓清。实际上，李自成并不甘心躲躲藏藏，他在寻求战机，开辟新战场。

九月二十二日，清兵大举向明朝发动进攻，越过墙子岭、营城、石匣、阳山，各处明军皆望风溃败，进驻顺义牛栏山，接连攻占河北、山东70余城。这一战局变化，迫使明政府不得不调整部署，急诏征辽东前锋总兵祖大寿入援，命宣大总督卢象升率总兵虎大威、杨国柱出易州拒敌。又命延宁甘固剿寇之兵全部调往御清战场。陕西巡抚孙传庭以降将白广恩领兵万人出关，陕西三边总督洪承畴以左光先、马科、柴时华，副总兵张天禄、尤捷等领兵5万人继出潼关，合兵15万人奔赴抗清前线。

大约在十月初八日前后，李自成率部到达潼关南原，企图打入河南，与革里眼、左金王、老回回会合。亲临此役的孙传庭曾说潼关在城之南，有平野40里，直抵南山之麓，谓之南原。所谓潼关原是潼关南原的简称。明军在此设伏，每五十里设伏一军，严阵以待。李自成陷入伏击圈中，且战且退，连续遭到伏兵的袭击，如是数日，损失极为惨重，不仅军中武器装备全部丧失，就连妻子女儿也都散失，幸存的仅有刘宗敏、田见秀、谷可成、张世杰、李过、李锦、高一功、张鼐、李双喜、李弥昌、任继光、王虎（王文耀）、刘汝魁、张能等18人。可以说，这是他自起事以来失败最为惨重的一次。他的心情无比沉重，甚至想到自杀。多亏有侄儿李过、张鼐等人的保护，刘宗敏等人的劝说，才使他的情绪平静了下来。这天，他与刘宗敏来到一所祠庙，对刘说：人说我当为天子，现在占卜，如果不吉利，你可砍下我的头去降。宗敏说好。三占三吉。宗敏才痛下决心，回到营地杀掉两个妻子，回来向自成表示：无论在怎样的情况下，我都要跟随你，至死不变。军中壮士，亦多杀其妻子表示跟随的决心。于是自成焚毁辎重，实现了成功突围的愿望，从此，蓝田锻工的刘宗敏与之结下了生死之交，并且成为他手下

最为得力的军事统帅。

二十二日，洪承畴、孙传庭率师5万人出潼关率师北上，入卫京师。罗汝才不了解这一军事行动的动机，自以为是对着他而来，遂率九营急走均州，并向太监李维政乞抚。罗汝才与过天星、托天王、十反王、整齐王、小秦王、混世王、整十万、革里眼等农民军接受明朝招抚，驻扎在房县、竹山、保康、南漳、均州一带。

孙传庭、洪承畴离开陕西，开赴抗清战场，在客观上减轻了对李自成、张献忠等农民军的压力。但熊文灿仍在襄阳部署围剿农民军事宜。

张献忠、罗汝才等农民军主力的相继受抚，给李自成带来了沉重的压力。出于无奈，这年冬天，他带着少数随从，翻山越岭，穿过山间小道，来到谷城，希望能够得到张献忠的支持。罗汝才也从房县赶来，参加了这次会晤。张献忠对李、罗的来临，表示欢迎，与之饮酒款待。酒至半酣，张献忠抚着李自成的背，意味深长地说："李兄！何不同我一起，暂住于此，以待时机，何苦仆仆风尘，到处奔走！"李自成仰望着屋顶，平静地微笑道："不可以！"罗汝才趁机敬酒一杯，张献忠笑了。李自成在谷城停留了一个多月，与张献忠等商

洪承畴

量了些什么，不得而知。临行时，张献忠送给他骡50匹，马50匹，还有衣甲等物。这对李自成来说，实为雪中送炭，急了李之所急。这次会晤，引起了明统治集团内部极大惊恐。一些地方士绅，纷纷谴责熊文灿，怪他事先调度失宜，未能使张献忠趁李自成来谷城之机，"缚闯以自效"。这真是无异于痴人说梦。张献忠怎么能听熊文灿调遣？如果张真能听熊指挥，李自成前来与张会晤，岂不是自投罗网！

崇祯十二年（1639年）上半年，李自成隐蔽在秦、楚、豫三省交界的深山密林之中，明政府的侦探打听不到他的下落，就说他已经死掉。事实上，他在收集散亡，整顿队伍。他与刘宗敏等认真总结过去的经验和教训，谋划进一步的行动。据说他白天常带着战士打猎，夜晚或挑灯读书，或观察星象，有时则给部下讲述汉高祖刘邦百战百败、最后一战成功而得天下的历史。他依靠当地山区居民的掩护和支持，隐蔽了自己，麻痹了敌人，赢得了时间，渡过了难关。

三月初九日，清军始出青山口，大掠而归。此次清军入犯，深入内地2000里，历时5月余，攻下畿内、山东70余城，俘获人口25万余。明政府在清兵退居关外后，重新调整军事部署，加紧对农民军的围剿。

五月六日，张献忠在谷城再起，二十九日罗汝才在房县率部响应，并与张部联合攻打房县。七月，左良玉与张献忠在房县罗猴山相遇，陷入农民军的埋伏，左良玉大败而归。士兵伤亡万余人，罗岱被俘，所携带关防与军资丧失殆尽。罗汝才九部，除整世王王国宁外，相率重新举义响应。李自成在汉中，闻讯大喜，星夜奔赴竹溪、竹山。与献忠相会于竹溪，与罗汝才等联合攻城。自初七日至十九日，克城，俘明知县李孔效，继克竹山。明秦督郑崇俭率副将贺人龙、李国奇等直趋秦、蜀边境，列阵以待。八月，崇祯帝任命杨嗣昌督师，总督以下俱听节制，赐上方宝剑，并为他出战饯行。杨嗣昌是杨鹤的儿子，受宠若惊。到达襄阳后，大誓三军，集中兵力，围歼张献忠

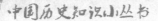

的主力；并责成河南、四川、陕西、郧阳巡抚进行堵截；又四处张贴告示，悬赏捉拿张献忠。

十一月，李自成带领千余人到达夷陵，为了避开明军的耳目，昼伏夜行。杨嗣昌抵达巫山节制秦、蜀、楚三省军务，檄令楚将杨世恩、罗安邦自当阳趋兴远，派尹先民率偏沅兵马入驻夷陵，搜索李自成老八队。又命川将王之纶扼守川境，进行合击。杨世恩、罗安邦进抵羊角山，离兴山40里，在香油坪与罗汝才部相遇，双方相持十余日，农民军切断了水源，再加上粮绝，明军大溃，二将被击毙于战场。香油坪战后，杨嗣昌派姚宗中到罗汝才营中说降。罗汝才同意接触交谈。李自成不赞成这一做法。于是罗汝才六营移驻远安当阳间，李自成率部移军巴东。

崇祯十三年（1640年）二月，明督师杨嗣昌仍在倾尽全力对付张献忠。张献忠在玛瑙山、柯家坪二次战败，仅率千余人脱走。李自成入据奉节县西的鱼腹山，再次遭遇到官军的围追堵截，处境极为困难。由于鱼腹山在巴东县西，有人说鱼腹山在巴西，这是误解。当时，督师杨嗣昌曾经指示部将王光恩前往招降，遭到李自成的严厉斥责，致使杨嗣昌不得不发出倔强莫如自成的惊叹。他在《楚兵大挫具实上闻疏》中说李自成改名老八队，将步贼千余，独往巴东，足以证明李自成被困鱼腹山的地点是在巴东。李自成这次被困大约有三个月时间，五月下旬，他已走出困境，在上龛、长荒与张献忠会面。双方都各有千余人。这是二人继谷城之后又一次会见。之后，李自成继续留在上龛，上龛在房县南180里。二十七日在胡其里遭到杨嗣昌部将刘士杰的阻击，兵败，军中大印也失，乃离开房县、竹山北进，向陕西转移。九月，李自成在旬阳与陕西巡抚丁启睿交战，失利，收集余众，退居商洛山中。

入据河南，如虎出柙

崇祯十三年夏，明督师杨嗣昌大力推行圆盘计划，调集官军于湖北、四川、陕西三省交界地区，对张献忠、罗汝才、李自成等农民军进行围剿，气焰十分嚣张。李自成连续遭到失败，先是被困于巴东鱼腹山，后又被困在商洛山，处境艰难。杨嗣昌得意洋洋地说：张献忠、李自成、罗汝才、过天星凶残大贼，人人被杀得败残，布就楚、蜀、秦、豫网罗，谁也别想跳出。他高兴得过早了。

十一月，杨嗣昌檄部将刘士杰率部西行入蜀，左良玉佯作入秦。李自成以为这是对他而来，遂率部冒死突围，出武关，入据河南。十七日，部队到达淅川，二十二日到达内乡。他的这一决策与行动，改变了他的处境，成为他一生的又一转折。

河南是明王朝的腹心地区，也是当时社会矛盾最尖锐的地方之一。明王朝在这一省里分封了七个藩王，致使半数土地都落入藩王手中，加上官僚地主的巧取豪夺，造成了土地高度集中，农民如牛负重。在明末多事之秋，频繁的军队调动、官差的往来，更使河南这块四通八达之地首当其冲。连年的大旱、蝗灾，把河南变成了赤地千里。明政府在这大荒之年，仍然毫不放松追逼钱粮。挣扎于死亡线上的农民，除了奋起反抗之外没有任何出路。

崇祯十一年（1638年）到崇祯十三年（1640年）的三年间，河南连续灾荒。至崇祯十三年（1640年），灾情更加严重，被称为三百年来未有的奇荒。王汉据其见闻说：臣以崇祯十二年六月初十日，自高平县调任河内，未数日，水夺民稼，又数日，蝗夺民稼。去年六月至今，十一个月天不下雨，水、蝗、旱，一年间为灾害民者三次，旱既太甚，不得种麦，而蝗虫乃已种子亡虑万顷。冬，蛹子计日而出。去年秋无收成，今年麦季又不收，穷民食树皮尽，至食草根，甚至父子夫妻相食，皆黄腮肿颊，眼如猪胆，饿尸累累。在这大饥之年，人都不敢从事粮食买卖，谷物暴涨。米麦斗值钱三千，谷每价二千七百。人吃人现象到处出现，有父食子、妻食夫者，道路上没有单独行走的客人，虽东西两村人们也不敢往来。其颠顿死于沟壑者，群聚而刲割之，顷刻而骨骸相撑矣。与此同时，河南人承受的赋税差役重担也达到了前所未有的程度，当年河内县知县王汉在《灾伤图序》中述说了这一情景：怀庆六邑地窄而粮重未有如河内之甚者也。除正粮九方石之外，今又为辽饷，为均输，为练饷，共计增银至二万四千二百余金。其千里担簦转输，则又有解京阔布之役，胖袄盔甲之役，山西盐课之役，小滩八千石漕米之役，毛田、关阳打冰防河之役。故民终岁未有父母妻子之乐，而无日不办公税。河内之赋之重，未有如今日之甚者也。

在这大灾之年，河南境内流亡载道的饥民日益化为地方性的起义农民。所谓土寇遍及河南各地，黄河南岸上下千里中，营头不下百余。规模较大的，西则有李际遇、申靖邦、任辰、张鼎、于大忠，南则有刘洪起、周家礼、李好、张扬；梁、宋之间则有郭黄脸、张长腿、王彦宾、宁珍、王文焕；其东则有李振海、房文雨、徐显环、程肖禹、戚念梧等，皆拥众自恃，凭栅结寨，彼此割据，相互攻杀。地方官府不敢过问。有的还寄其家室妻孥，依为腹心。其中公然四处流动肆行抢掠者，如老当当、一斗谷、宋江、一条龙、袁老山、张判子等，还不包括在内。其后，他们或散或亡，或诛或抚，或抚而后叛，甚至有借助于当道，托付于缙绅，名为招安而攻掠如故，

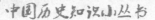

且有利其贿赂者，不一而举。

在豫北，今属河南当时属直隶大名的开州，有袁时中领导的农民起义。袁时中，滑县人。这年八月，聚众起义，攻打州城。由于当时有袁老山领导的起义军，所以，他自称小袁营。入清丰，打滑县，夺取开州，杀死州同知。后渡河而南，所到之地，不杀人，不掠妇女，称为群盗中之一奇。又有一支起义军，以王小槐为首领，在开州举事，称"顺天仁义王"，拥众12000人，打出替天行道、杀富济贫的旗帜，攻城略地，号召群众，并与山东东阿县李法率领的义军遥相呼应。

当时李自成手下的兵马有限，估计在千人左右。但他的名字已为河南人所熟悉，在民众中有相当的影响。因此，他的到来，给正在进行抗争的农民以精神上的鼓舞，并为他们带来了希望和力量，特别是活动在豫西山区的义军和流民纷纷向李自成靠拢。当他率兵北上时，当地的起义农民前来与之会合，没有多久，他的部队已有数万人。与以往有所不同的是，前来从军的不仅有农民、矿工、土兵，还有知识分子如李岩、牛金星和宋献策。当然，主要原因是由于明王朝的腐败，绝了士人的欲望，同时也与李自成实行了尊贤礼士、争取士人的政策分不开。在这一工作中，一个叫李牟的人起了一定作用。

李牟是河内县（今河南博爱县）唐村人。他的父亲李自奇是个拳师。他从小跟父亲习武，经常在山西一带传拳。崇祯六年（1633年），投奔了李自成。由于他拳法好，打仗勇敢，也颇受尊重，李自成几经挫折，他都跟着李自成，无有二心。崇祯十三年（1640年）底，李自成来到河南，在豫西南由南向北推进，得到各地义军和民众的响应和支持，队伍发展很快，准备攻打洛阳。为了争取更多人的支持，他奉李自成之命回乡串联动员人们从军。经他引荐，唐村李岩、李仲兄弟与李友等9人加入了李自成的队伍。

关于李岩，史书记述混乱，长期争论不休。今《李氏家谱》的发现，揭开了这个谜底。李岩，字岩，名信，又叫威，是河南怀庆府河内县唐村人。他的父亲是李春茂，字庭壁，号叶蓁。谱中有李春茂小传述其生平事略：生于隆庆二年（1568年）八月，卒于康熙五年（1692年）九月。以教书传拳为生。在济源有煤矿生意。他早年依父在济源，读习《四书》、《五经》，后入千载寺三圣门太极宫，拜师博公习拳，读《孙子兵法》，习学的是无极养生功十三势拳，并且颇有造诣，创立枪艺箭艺，成为有名的拳师。在晋、鲁、陕、浙、湖、湘传拳。擅长观星相、八卦，号称三教武师，又称武杰进士，撰有《无极拳养生论》、《十三势行功歌》及《十三势拳论》。家中富有。相传唐村李氏故居由五个四合院组成的建筑都是这时奠基建造的。

李岩三叔李春玉，号精白，字晶白，从小跟着父亲在开封、杞县做粮油生意。春玉无子，李春茂将李岩过继给了李春玉。因此，李岩之父又有李精白之说。这个李精白与安徽颍州进士出身居官尚书的李精白同姓同名，但不是一人。

李岩兄弟四人。大哥李伦，字山，号大用，生于万历二十四年（1596年），崇祯年间依堂叔杨可喜在原武读书习武，选为贡生。二哥李仲，字峰，名仲元，化号大亮，生于万历二十六年（1598年），天启年河内学府贡生。与弟弟李岩、陈奏庭三兄弟习拳练武，共创太极拳，有《太极拳养生谱》传世。三哥李俊，字岭，名政，生于万历二十八年（1600年）。崇祯年间，在修武学府读书习武，后来在浙江按察司任佥事。李岩名信，号威，生于万历三十四年（1606年）。崇祯年间县学生员。与二哥李仲有着相同的经历。

唐村李氏与温县陈沟陈氏关系源于明洪武四年（1371年）洪洞移民，并且结成亲姻关系。陈奏庭的母亲是李仲的姑。李仲、李岩与陈奏庭是姑表兄弟。陈奏庭参加武科考试，因考官不公而落榜。三兄弟暴打考官出现人命案件，被革去功名，为避开官府的追捕，三人离家出走，来到杞县城。这是因为他的姨母家在这里，他的堂叔李春玉在杞县城内开粮行。谱中将李岩在杞县的活动概括为"主账银，造赈谣，石粟危，粮行破，入千载寺再拳"，文辞简略，但语意甚明。"主账银"是说他在叔父春玉粮行管账，负责银两出纳。"造赈谣"是说编写劝赈歌谣，规劝官府与富户出粟赈济饥民。"石粟危，粮行破"，是说石粟来源出现危机，春玉粮行终于破产。至于说他"造赈谣"的时间在什么时候，具体内容是什么？谱中没有言及。所云"入千载寺再拳"，说明他在杞县春玉粮行破产后，返回怀庆故里，再次入千载寺，继续习拳练武。李岩于崇祯十三年（1640年）底在怀庆故里经堂弟李牟的"牵诱"加入李自成起义军。他出身贡生，又精于武术，能文能武，所以深得李自成的信任，成为谋士，位至制将军。

李岩兄弟四人，各有名有字，而且是按照一定的原则确定的，名是以人字偏旁拟定为伦、仲、俊、信，字是按山字偏旁拟定为山、峰、岭、岩。李岩与李仲参加了李自成起义军，其大哥李伦、三哥李俊并没有参加李自成起义军，也是以山字偏旁来确定字为山为岭的，与参加李自成军没有关系。

与李岩同时加入起义军的，还有李怀典，生于万历二十七年（1599年），出身庠生，文武双修。李怀琛，与李怀典生于同年，出身庠生，文武双修。李世奉，生于万历二十九年（1601年）。李怀祯，生于万历四十四年（1616年），二人都是拳师。还有李怀理，生年不详。这些人，都是唐村李家族人，都是经李牟的说服动员才加入的。

牛金星字聚明，宝丰县石桥乡大牛庄人，后迁居县城。他出生于下级官吏家庭。家中先世由岁贡仕至县博士，在王府中为官者数人。父亲名坰，尝为鲁府纪善。故小时候有读书的机会，20余岁中秀才，天启七年（1627年）考中举人。为人质朴，兴趣广泛，通晓天官、风角及孙、吴兵法，平日设馆授徒，有时给人预测吉凶祸福，有说中也有说不中的，生活无忧无虑。他的儿子牛佺，与祥符进士王士俊是儿女亲家。王士俊在京任主事。家有闺门之丑，非常忌讳。牛金星一次酒后失言，说了出去。王士俊十分恼火。不久，王家女儿病故，王士俊就与在京做官的兰阳梁云构串通，再与宝丰县知县石可励串通，欲置牛金星于死地。崇祯十年（1637年），以抗税革去牛金星举人，充军河南卢氏县当差服役。崇祯十三年（1640年）冬，李自成率义军入豫西，牛金星在卢氏县投奔李自成，向李自成建议：据中原，取天下，少刑杀，赈饥民，收人心。再加上他是一位举人，也是第一个举人投军的，所以受到李自成的敬重，尊他为谋主，参与军中大事的议定，成为义军领导集团的重要成员。

宋献策又名宋康年，是河南归德府永城县人，个子矮小，身高不满三尺，面狭长，右足跛，行走离不开拐杖。机敏善谋，饶有口辩。他利用自己学过的风角、六壬、奇门遁甲和图谶的知识，测算人事凶吉，云游各地，广交社会各方人士，有些官员仕途坎坷，向他求签问卜，有时也帮助官府捉拿逃犯，始终未能获得一官半职。长期的云游，使他对社会下层的生活与心愿有较多的了解。同时结识了河南宝丰举人牛金星。牛金星加入李自成部队后，向李自成举荐，引起李自成的重视。此时李自成部队正在迅速崛起，急需参谋人才。宋献策见到李自成后，就献上了"十八子主神器"的谶语，十八子的谶语不是宋献策的发明，宋献策将它赋予了新的内容，就是将它与李自成联系起来，说李自成可以坐天下。李自成十分高兴。因为，在人们相信天命的岁月里，这一谶语预示李自成取天下是出于天意，它不仅可以促使军中上下共同拥戴李自成，还可以动员百姓和各支起义军归附李自成。因而，为李自成尊为军师，一直十分信用，常常带在身边征询意见。

这些知识分子投身到农民起义中来，就他们自己来说，找到了新的归宿。而对于处在败而复振关头的李自成来说，不仅仅是兵力人数上量的增加，更具有特别意义，李自成部相对稳定的领导集团开始形成。这个集团既有昔日与李自成起事的战友如刘宗敏、李过，又有新加入而来的士人。在牛

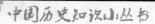

金星、李岩、宋献策等士人的帮助下，确立了"据中原，取天下"的战略目标，将除暴恤民作为自己的宗旨，提出了尊贤礼士、在任好官仍任前事，酷虐民众者即行斩首的政治主张，以及所有钱粮比原额只征一半的经济政策，制定军纪，以"杀一人如杀我父，淫一女如淫我母"作口号，从而使这支农民军有了明确的斗争目标。为了动员民众支持战争，大力开展宣传鼓动，编制"迎闯王，不纳粮"的口号，教农民军将士传唱，又教儿童们传唱。

李自成及其领导下的农民军败而复振，从此走上正轨，开始了据中原，取天下的战斗。

攻克洛阳，众逾百万

李自成起义军进入河南后，处于败而复振时期，兵力不足，遂由淅川、内乡沿伏牛山北上，这里山岭起伏，道路险阻，居民稀少，有着不少的无业流民寄居其中。十二月，连克鲁山、郏县、伊阳三县，二十一日到达宜阳。宜阳东距洛阳70里。位于洛河依山面水，北濒洛河，南紧靠锦屏山，形成一道扇形天然屏障。明知县唐启泰在城内固守，农民军英勇机智地登上锦屏山，观察城内动静虚实，发起猛烈进攻，一举破城，俘获唐启泰立即处斩，明确提出"不杀平民，唯杀官"。二十四日，继续西进，攻打永宁（今河南洛宁）。知县武大烈与退居乡里的明南京吏部验封司主事张鼎延在城内组织军民固守。武大烈守北城，张鼎延守南城，都司马有义守东城，守备王正已守西城。经过三昼夜激战，义军在李自成指挥下，用大炮轰开东城雉堞，城内狱徒牛可敬、魏之明与之配合，破狱而出，引导义军驾云梯登城，抓捕了知县武大烈、明万安王朱采铤和乡绅百余人，在县西关——"过堂"公审后处斩。随即，连破熊耳四十八山寨，河南当地义军一斗谷率部来归，李自成的部队已增加到数十万人。不到一月的时间，又连克偃师、灵宝、新安、宝丰，扫清了洛阳的外围。

古都洛阳乃豫西重镇，是福王朱常洵的藩府所在地。此人为明神宗第三子，生母是明神宗最宠爱的郑贵妃。子以母贵。朱常洵受到神宗的特别偏爱。按照神宗的意图是要立常洵为太子的。迫于传统观念与朝臣舆论压力，他才勉强同意立皇长子朱常洛为太子。由于朝廷的初衷不能如愿，于是挺击案、移宫案与红丸案接踵继起，使朝臣卷入这种没完没了的宫廷纷争的旋涡之中而无心思去处理国家的正常事务。同时由于朱常洵太子梦不能如愿，神宗便在经济上给常洵以补偿，不仅破例大行赏赐，对于福王庄田、食盐、商税等要求，无不一一应允，也无不朝报而夕可。万历二十九年（1601年），神宗封他为福王，为他操办婚礼费用高达30万金，在洛阳为他修建壮丽王府，超出一般王制10倍的花费。亿万钱财，皆入福王藩围，福王要求赐田4万顷，由于没有那么多的土地可供赐予，只好减半。福王来到洛阳后，派遣府中官役，到处圈占土地，千方百计搜刮，聚集财富，富甲天下，过着纸醉金迷、穷奢极欲的生活，宁可让粮食糜烂在粮仓中，宁可眼睁睁地看着成千上万的饥民活活饿死，也不肯拿出一粒赈济贫苦百姓。因而，激起民众的强烈愤慨。李自成正是根据民众的这一迫切愿望，作出了攻打洛阳的决策。

崇祯十四年（1641年）正月，李自成在豫西的发展，当时在城内明南京兵部尚书吕维祺深感形势的严峻，他在给福王的信中说："三载奇荒，亘古未闻。村镇之饿死一空，城市皆杀人而食。处处土贼盘踞，加以流贼数万阴相结合，连破鲁山、郏县、伊阳三县，又六日之内，连破宜阳、永宁二县。贼势汹涌，窥洛甚急。无坚不破，无攻不克。且饥民之思乱可虞，人心之瓦解堪虑。况抚台大兵无一至，虽有操、义二兵，亦无粮饷，及城头垛夫又皆鬼形鸠面而垂毙者。城中一无可恃，有累卵朝露之危。"他希望福王能够敦促河南巡抚李仙风急派军队来洛阳加强城防；并且建议福王为自己的身家性命着想，拿出钱来解决城内守军的粮饷。吕维祺以宜阳、永宁二城失陷为借鉴，说两座城里的宗室官绅，悠悠忽忽，靠天度日，一筹不划，一钱不舍，一言不听，今虽噬脐，悔之何益？希望朱常洵不要充当眼光短浅的守财奴，最后落到噬脐无及的地步。可是，要钱不要命的朱常洵却听不进去。

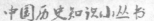

数十万农民军向洛阳聚集。十七日，河南府总兵王绍禹率刘见义、罗泰二副将赴援。王绍禹要求入城守御，福王不许，王绍禹强行入城，而刘、罗二将则被拒绝，驻扎在东关。

李自成兵临洛阳城下。城内明军分兵把守：兵备副使王胤昌守西门，知府冯一俊守南门，知县张正学守东门，通判白尚文守北门，总兵王绍禹、推官卫精忠发游兵巡徼。由于缺饷，守城的官军士兵以至一部分中下级裨将怨声载道，大骂："王府里金钱百万，厌食粱肉，而让我们饿着肚子死于贼手。"

十八日黎明，驻扎在东关的副将刘见义、罗泰的军队，声称出战，走到七里河，便投降了农民军，马上回戈反击。这天一早，李自成指挥部队同时发起攻势，战旗挥舞，杀声震天动地，经过一昼夜的拼搏，农民军侦知东面守备严密，兵力较强，西北面守备薄弱，根据这些情报，李自成立即改变攻城计划，由四面环攻，改成重点进攻，集中兵力，攻打城西北角，守卫在这里的是总兵王绍禹的队伍。王绍禹贪得无厌，长期克扣军饷，早为部下所愤恨。这时，士兵们看到农民军发起了总攻击，心中暗自高兴。就在二十日夜晚，数百名士兵起为内应，挥刀杀死城上的守敌，把参政王荫昌捆在城上，火烧城楼，打开北门，里应外合，农民军像潮水般涌进了城内。城里的民众像迎接自己的亲人一样，扶老携幼，欢迎农民军入城。

二十一日凌晨，李自成军占领了洛阳。体重300斤的福王朱常洵没有来得及逃跑，躲进迎恩寺，明南京兵部尚书吕维祺想逃跑也来不及了，相继被生擒活捉。当押解他们来见李自成时，朱常洵看到吕维祺便大叫："吕先生救我啊！"吕维祺哭丧着脸说："我命也在顷刻之间。"他劝朱常洵别忘了自己是当今皇上的亲叔，不要屈服。可是，贪生怕死的朱常洵一见到李自成，就体如筛糠，一个劲地叩头乞求饶命，李自成端坐殿上亲自审问朱常洵，怒斥道：你身为亲王，富甲天下。在这如此饥荒之年，不肯拿出毫厘赈济百姓，你真是个奴才。命左右打他四十大板后，将他的头砍下，挂在洛阳城门上示众，农民军还把他的尸体剁成肉酱，杂以鹿肉下酒，称福禄酒，以解心头大恨。当审讯吕维祺时，李自成说：吕尚书今日请兵，明日请饷，欲杀我们，现在你作何打算？第二天，李自成在城西关周公庙举行群众集会，痛斥"王侯贵人剥削穷人，视其冻馁"的种种罪行。并将他们处死，同时处死了吕维祺和前任河南知府亢孟桧等官绅，一些潜逃在洛阳的官绅如孟津县孙挺生、新安县王朝山、嵩县王翼明等也被农民军杀死。

李自成夺取洛阳后，俘获官军3000人，收缴了一批武器辎重，大大改善了农民军的装备，并使自己拥有了一支装备精良的部队。他没收了福王府中金银财货和大批粮食物资，发布告示开仓济贫，大赈饥民，令饥民远近就食。在农民军的这一号召与支持下，远近饥民风起云涌，打开了官府的仓库，扒开了福王朱常洵和富户的粮仓和地窖，夺得粮食数万石，金钱数十万，其他各种金银财物，不可数计。农民军除留下一部分作为粮饷外，其余全都分发给了穷苦老百姓，得到广大群众的热烈拥护。李自成在准备移兵攻取开封时，委派原洛阳一名书办邵时昌为副将，用以募兵守城。同时授官的还有洛阳生员张旋吉、梅鼎盛等人。邵时昌等受命后，即募人为兵，每人每月发给银5两。饥民纷纷响应。李自成从中挑选500人，让他们旌旗列营城上。

李自成攻克洛阳是他走向胜利的重要标志。当时有人指出："洛阳新破，所在震惊。"接着，开封告急，河朔危急，各州县请兵增援的文书，像雪片一样飞送到开封和京都，消息传到北京，朝中群臣，无不为之惊骇，崇祯帝气急败坏，下令把总兵王绍禹处死，将河南巡抚李凤仙罢官治罪。处在饥饿线上的民众，热烈响应李自成农民军的号召，纷纷参军。打这以后，李自成农民军壮大成为拥有百万的大军，成为明末农民军的主力，历史记载说："远近饥民荷旗而往应之者如流水，日夜不绝。一呼百万，而其势燎原

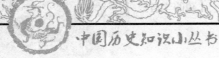

不可扑。自是而后，所过无坚城，所遇无劲敌，诸将皆望风走。即秉钺者以名节自许，不过以身予敌而已矣。"这是李自成平生的重大转折，也是明末农民战争的重大转折，从此农民军开始由被动变为主动，由劣势变为优势，由分散的、小规模的流动作战，进入大规模的、以夺取政权为目标的新阶段。

鏖战中原，歼灭官军主力

崇 祯十四年（1641年）二月，李自成攻克洛阳时，明河南巡抚李仙凤正领着游击将军高谦在黄河以北的怀庆地区镇压当地的起义农民。开封城守副将陈永福获悉洛阳失守，火急率兵往援。开封的守御力量薄弱。李自成得到这个信息，决定奇袭开封。

开封古称大梁，是著名的古都，位于黄河南岸，地处水陆交通要冲，交通四通八达，是河南布政司、开封府治以及开封县治所在地。又是周王的封地。朱橚是朱元璋第五子。洪武十年（1377年）封周王，四年后就藩开封，至于明末，这里有王子72家。黄河两岸和各县有钱有势的一方大姓、"衣冠之族"，慑于农民起义的威力，也纷纷来到这里躲避。这里城周长20里90步，城墙构筑坚固，内外（甃）以砖石，高三丈五尺，宽二丈一尺，开设5门，各建月城3重，角楼4座，敌台84个，警铺81处。城外百步设有深濠，匝城四周数十丈，深四五丈。二月初九日，李自成带领精兵3千、锐卒3万从洛阳出发，急行军三昼夜，十二日中午时分到达开封城下，立即发起大举进攻。城内巡按御史高名衡等害怕重蹈洛阳覆辙，急令官民固守。他与守道苏壮、开封推官黄澍共守西门，左布政使梁炳守东门，右布政使蔡懋德守曹门，开封知府吴士讲守南门，管河同知桑开第守北门，周藩承奉曹坤、左长史李映春登西城守御。在起义军兵临城下时，他们搬出一部分银子，用来悬赏，有能出城斩贼一级者赏银50两，能射杀一贼者赏银10两，射伤一贼或砖石击伤者赏银10两。这些举措，激励着开封城内军民登城同义军为敌。前往洛阳赴援的陈永福听说起义军乘虚进攻开封，连忙带着500援兵，昼夜兼程赶回，深夜到达西关，被农民军打得大败，伤亡很重。陈永福冲杀到城下，城中不敢开门，怕农民军趁势冲进，就用绳子将他吊进城内。

李自成来到城下，采用穴城法与云梯结合方法攻打。士兵们手持铁锤、凿等工具，在炮火配合下，以背负门板作掩护，冲至城下，举锤凿击数下，迅即退下，又有一批跟着冲上前去，照例举锤凿击数下，迅即退下，接着又有第三批，第四批，直到砖石松动，取下第一块，再取第二块、第三块……而后就在这里开挖洞穴，洞越挖越大，越挖越深，可以容纳数十人，上百人，夜以继日，很快挖成六个大洞。又就地取材，赶制百余架高大的云梯，最大的云梯高五丈有余，由48人抬起，置于护城壕边，以备攻城将士攀登。城上守军顽强抗击，针对义军开挖的穴洞，在大穴上往下打洞，将穴顶穿透，往下绕灌滚汤、沸汁，或投进火药包，使人无法在洞中藏身，同时在城上设立悬楼即碉堡，在上面向下投放石块，以射火炮，使义军无法靠近城墙。战斗异常激烈。双方互有伤亡。

十七日，李自成亲临城下观察形势，城上乱箭齐发，突然一支短箭，迎面而来，射中他的左眼。顿时，血流双颊。左右将他扶回大营。当时，城上人并不知道射中的是谁，后来听说是李自成，陈永福便把这一无意射中的军功说成是他的儿子守备陈德。有材料说，实际射中李自成左眼的是名叫谢三的小卒。

李自成眼睛受伤，箭镞入目较深，一时难以医治，后来虽经治愈，左眼却从此失明；再加上又有消息说增援开封的左良玉的军队和保定总督杨文岳所统官军快要赶到，为避免陷入内外夹攻的境地，十八日这天，李自成下令撤围。这次围城七昼夜，未能克城。这是李自成第一次攻打开封，也是李自成第一次攻打省城。

李自成撤围后，向西转移到登封、密县、嵩县一带。巡抚李仙凤率游击高谦拥兵回到开封。高名衡上书弹劾，崇祯帝以陷福藩罪下诏逮捕。李仙凤自知性命难保，自杀于邓州。陈永福因守城有功，由副将晋为实授总兵，其子陈德由守备晋为游击，领兵驻守开封。

由于李自成在河南异军突起，明政府将军事防务的重心移至河南，三月，任命高名衡为河南巡抚。四月，提任陕西总督丁启睿为兵部尚书，让他代替杨嗣昌统率五省联军加紧围剿。丁启睿害怕农民军的强大威力，迟迟不敢出战。崇祯帝无可奈何，五月六日，将傅宗龙从狱中放出，给以兵部右侍郎的头衔叫他代替丁启睿率领陕西的军队，专门镇压李自成农民军；又下令将已在河南的陕西总兵贺人龙、李国奇等部拨归傅宗龙指挥，又叫保定总督杨文岳率总兵虎大威等两万人配合行动。

七月，罗汝才率领部众到河南淅川，同李自成部义军联合作战。当时，李自成部已经成为各支起义军中实力最强的队伍，李自成待以兄长的礼节，以示尊重。史载自成之兵长于攻，汝才之兵强于战，两人相互配合如左右手。李、罗的联营是强手联合，增强了中原地区农民军的军力，成为明王朝的最大威胁。李、罗合营后，罗汝才部由豫西经唐县进入湖广枣阳、随州地区，矛头指向承天。这里是嘉靖皇帝父亲兴献王陵墓所在地。陕西三边总督傅宗龙担心承天祖陵有失，便率领总兵贺人龙、副总兵李国奇部赶往承天。李自成得知承天守备严密，陕西援军行将来到，便改变计划，取道应山返回河南。

傅宗龙见农民军不战而走，断定这是不敢与自己交锋，便命令部队尾追不舍。九月四日，带领陕兵4万人，与杨文岳的2万人，会师于新蔡。在新蔡南李大汉寨与李自成农民军相遇，明总兵贺人龙、李国奇率陕兵，虎大威率保兵，共造浮桥准备渡汝河，进驻项城。打算围歼李自成、罗汝才联军。

　　李自成得到消息后，选择当地松林易于隐藏的地形，把精锐部队埋伏在松树林里，采取声东击西的办法，派出小股兵马，在汝河上游搭造浮桥，故意装作渡河西趋汝宁的样子，制造移师汝宁的假象，迷惑敌人，而将主要力量埋伏于孟家庄。孟家庄是当时由新蔡通往项城的交通要地，这里又有着茂密的丛林，便于隐蔽、迂回。

　　傅宗龙闻报义军在渡汝河西去，便命令部下密切关注，随时报告义军渡河情形；并让部队在孟家庄结营休息。连日来紧急行军，士卒颇感疲惫，再加上粮饷供给不足，又饥又渴，有的忙于到村落搜括粮食草料，士兵们纷纷解下马鞍，丢下甲仗；有的东倒西歪地在树下乘凉喘气，部队混乱，不成样子。当他得知在汝河上游农民军三分之二的兵马已渡河西走，当晚，就在新蔡北龙口召开紧急会议，部署分进合击，立即行动。

　　正当此时，李自成下令反击。埋伏在孟家庄丛林中的农民军，发出一片威震山河的喊杀声，人人手执长枪大刀，冲出丛林，像猛虎扑羊群似的直逼明军宿营地。官军将领慌忙集结军队还手，可是军心已乱，抵敌不住，被杀得晕头转向，到处乱窜。贺人龙和虎大威径自拉起队伍向沈丘逃窜。

　　傅宗龙被包围了十天十夜，既没有吃的，又没有弹药，靠杀战马维持生命，军心浮动。他急得像热锅上的蚂蚁，急命直属标营兵丁挖掘壕堑，妄图坚守待援；又派人持亲笔信催促贺人龙、李国奇火速来救。贺、李两人正私自庆幸逃脱了义军的包围，哪里肯再钻进来，他们以此书从贼中来，难知不是伪造做借口，拒绝回军援救。傅宗龙陷入起义军的重重包围中，自知难以顽抗下去，遂于十八日晚，带着残兵6千人拼死突围，这不过是以卵击石，自取灭亡。突围明军被冲得七零八落，他为了逃生疯狂奔跑，农民军紧追不放，第二天中午，在距离项城8里处被义军追上，当了俘虏。义军将士带他到项城下，原想利用他攻城，让他到城下高喊："我秦督也，请启门纳秦督"，而他却在高喊：我当了俘虏，身旁都是起义军，不能开门。农民军诈

取项城的计谋未能实现，一怒之下，当场处死了傅宗龙。

项城战役是农民军攻克洛阳后所取得的一个重大胜利。这次战役，打了15天。农民军利用了优越地形和声东击西的战术，以急风骤雨之势，粉碎了以明朝兵部右侍郎傅宗龙为统帅的围剿，歼敌6万余人，活捉并处死了傅宗龙。这一胜利，震动很大。有评论家说："关中精锐，尽没于项城。"镇压农民军的主帅汪乔年惊呼傅宗龙一死，讨贼无人了。

这次战役后，李自成、罗汝才联军夺得了大量衣甲器械，收降了一批傅宗龙部的陕西兵士，声势越来越盛。有材料说李自成在项城战役之后，曾令人撰《九问》、《九劝》诸词，号召诸盗，勾引饥民，号为闯王。可惜直到目前我们还未能看到《九问》、《九劝》的内容。如能发掘出这些文献，对于研究起义军当时的纲领、政策和宣传口号等，无疑是很有帮助的。农民军声威远震，接连攻占商水、许州、扶沟、叶县。在叶县镇守的副将刘国能，原是农民军一位首领，绰号闯塌天，他于崇祯十一年（1638年）投降官军，以忠臣孝子自命。义军围攻七昼夜，他看到难以据守，便缒下城墙进入起义军营垒，装出一副悲天悯人的样子，向李自成、罗汝才诉说："凡所以防守之具皆吾自为之，与叶民无涉。今吾力已竭，不忍城破尽毙此民，特来请死。"李自成劝他投降，他却说："吾大逆之人，受朝廷厚恩，不敢辜负。"自刎而死。十一月四日，夺取豫南重镇南阳，击毙明朝总兵猛如虎、副将刘光祚，处死了唐王朱聿镆。李自成称奉天倡义营文武大将军。接着，义军又攻克邓州，然后回师北上内乡、镇平、南召、新野、泌阳、舞阳、唐县。十二月间，进攻襄城。襄城守将李万庆原是农民军首领，绰号为射塌天。他同刘国能一样，在投降官军之后坚持与农民起义军为敌，义军克城，处死了李万庆。接着，连克镇平、新野、唐县、泌阳、舞阳、汝州、许州、禹州、新郑、鄢陵、尉氏、通许、陈留等州县。

十二月二十三日，李自成、罗汝才联军来到开封城下，拉开第二次进攻开封的序幕。

自从李自成第一次攻围开封之后，明王朝进一步加强开封防守。祥符知县王燮督众修葺城垣，募兵选将，增设营伍，高名衡设立清真营，选将陈济民、中军李文华统领；守道苏壮设立道标营，由中军赵世标、哨官苏祯统领。知县王燮设立社兵，为未雨绸缪之计。按城内八十四坊，设八十四社，每坊为一社，全民动员，按财产多少出兵，每社社兵50人，另按五门设立总社五所，即北门后所总社，南门前所总社，西门右所总社，东门中所总社，曹门左所总社，各置一人统领，加强守备。城中防务比以前又有所加强，增建了云楼，储足了火药，添立了炮台，加多了飞石。督师丁启睿此刻不在开封，巡按任浚因胳膊折断而告假休养，知县王燮擢升御史不在开封。

李自成与罗汝才联军到达开封后，派出7名骑兵将两张劝降安民告示贴在曹门城门上。李自成的指挥部设在土堤外应城郡王的花园里，距城10里；罗汝才的指挥部设在城外繁塔寺，距大堤5里。这次投入的兵力，精锐3万，随从40万余人，较第一次增加了10倍。明督师丁启睿从南阳调来的3000官军驻扎在城外，得知李自成部队来到，就争先而逃。

崇祯十五年（1642年）元旦，开封为战火硝烟所笼罩。隆隆炮声，震耳欲聋。李自成亲自指挥攻城。义军将士在城外伐木构筑柏台，高三丈余，长十余丈，广五丈余，上可容纳百人，置大炮于上，对城内进行炮击；城内守军急速在城上用大木架起高台，高出柏台三四丈，上宽可跨二垛，出垛外近丈，台上可容10人，悬大炮其上，对准柏台炮击。三日，官军3000余人归附农民军。经过激烈搏斗，义军突破北门外月城。无畏的战士冒着矢石炮火，沿月城而上，城内守军拼死抵抗。为了夺取开封，士兵们顶起千余块门板，靠近城墙挖洞，在选定的地点处把城墙墙砖挖下，然后掘成深丈余，广十丈余的大洞，每洞大小可容数十人，藏兵其中，以待机攻城。城上守军从上向下穿透，灌油沸汁，放上木柴与其他燃烧物烧熏，或从城上向下灌水来驱逐

藏在洞内的农民军士兵。巡按用千金悬赏，鼓励士兵夺洞立功，但无人响应。又提高赏格，每夺一个洞赏银2000两，并将银子置于洞口之上。农民军用15个昼夜开挖的36个洞穴，悉为守军夺占和破坏。但农民军依然在加大攻城力度。

双方相持在城东北角。这里的城墙已被多处击毁，出现缺口，城中守军立即拿拆除的宫门与民房门门板或以大车实土进行填补，被打透一层，即补一层，再被打透再行填补，有的地方已填补7层。

正月十三日，李自成指挥义军采取火药爆破方式发起总攻。爆破地点选在城东北角。农民军在城墙下开挖一个大洞穴，长十余丈，约广丈余，内填实火药万余斤，放上三根火药引线。引线长四五丈。士兵千余骑，环甲持矛，勒马濠上，步兵无数列队观点，整装待发，只待地雷引爆，城墙崩塌，立即冲入城内。这个时刻来到了。已刻时分，李自成一声令下，士兵点火引爆。为李自成想不到的事发生了。开封城墙构筑坚固，且有内坚外松的优点和特点，宽厚的城墙，越是靠内越是坚实，火药引爆后，浓烟四起，黑如深夜，一声巨响如天崩地裂，坚实的内壁使爆破的火力点转向城外，城墙没有炸塌，城外濠边整装待发的骑兵与步兵反被横飞的砖石、土块击死击伤。这一意外，大伤了攻城义军的士气。第二次攻城失利，十五日，李自成决定主动撤围。自西北而东南，扬尘蔽日，其营盘内外约广八九里，长20公里。

崇祯帝获悉河南境内的是有军无力与农民军抗衡，心如火燎。一面急调总兵左良玉，由荆州、襄阳赶快北上，一面任命陕西巡抚汪乔年为兵部右侍郎，叫他调动兵马，火速出战河南。

汪乔年是个具有政治斗争经验的将领。他在任陕西巡抚时，曾怀着对农民军的刻骨仇恨，密令米脂县令边大绶伙同练总黑光正、堡长王道正，带着箭手30名，乡夫60名，冒着大雪，来到三峰子，挖了李自成的祖坟，开挖大小墓23座，将其骨骸尽行火化，坟上林木，全部砍伐。他接到边大绶的报告后，兴奋不已，立即回复说："接来札，知闯墓已伐，可以制贼死命。他日成功，定首叙以为酬劳。"而今他升任兵部右侍郎后，怀着一片忠心，以疯狂的热情，调集陕西边防军3万人，带着固原总兵郑嘉栋、临洮总兵牛成虎，还有总兵贺人龙，东出潼关，分东西两路合攻李自成农民军。左良玉的强悍和狡猾，曾经赢得了朝中上下的喝彩。为了救援开封，配合汪乔年的军事行动，左良玉也奉命率部北上。左良玉到达临颍，发现这里是李自成农民军粮饷军资重地，而且完备薄弱，就乘机袭击临颍。临颍城内的百姓，同守卫在这里的农民军将士，临危不惧，齐心奋战，拼死固守。但是，由于众寡悬殊，临颍失守。左良玉军队入城后，大肆烧杀焚掠，抢走农民军在这里的全部储存，野蛮地杀戮农民军将士和百姓，拼命地掠夺粮食、牛、马和各种财物，激怒了农民军将士和群众。为了打击左良玉的气焰，李自成率领主力部队，疾奔临颍。左良玉败退，趋郾城，被农民军层层包围。双方主力相遇在郾城，相距仅数里，旗鼓相望，战斗持续了11个昼夜，左良玉已被打得筋疲力尽。

二月七日，汪乔年率陕兵到达洛阳后，马上召集将领会议，研究和部署对付农民军的策略。在他们看来，当时河南的斗争形势是：郾城危在旦夕。农民军正在集中全力围攻郾城，如果直接进兵郾城，与农民军的主力交锋，势必会造成重大伤亡，挫伤明军的锐气。于是决定：先不直接进兵郾城，派遣精锐，偷袭离郾城不过百里、农民军粮饷储备重地襄城。他们的如意算盘是：这么一打，农民军一定要回师救援，这样，不仅可解郾城之围，而且还可以乘势前后夹击，汪乔年从正面进逼，左良玉从背后袭击，一举大破农民军。

为了实现这一计划，汪乔年留步兵在洛阳，挑选装备最好、战斗力最强的精锐骑兵2万，轻装出阵，日夜兼程，直奔襄城。

襄城举人张永祺等听到这个消息，欣喜若狂，与总兵郑嘉栋取得联系，主动充当向导，并且率领乡绅到八里营迎接汪乔年的到来。十二日，汪乔年

率军驻扎在襄城西三里堡,以总兵贺人龙、牛成虎、郑嘉栋分作三路,于城东40里的村镇扎营,与左良玉遥相呼应。十三日,汪在襄城城隍庙祈祷起誓,誓死报国,并就守城防务作了部署:张总兵守西城,贾副将守南城,马副将守东城,党参将守北城,汪自将其部首当其冲。以纪监同知孙兆禄为参谋,诸生刘汉辰、耿应张为军门赞画官。

汪乔年一伙为袭陷襄城而弹冠相庆,满以为他们的阴谋就能得逞了。可是,他们没有料到,就在到达襄城的第二天,阵势还没有摆好,就遭到了农民军的包围。农民军迅速而有力的四面环攻,一下子打乱了汪乔年的部署。他手下几个得力的干将,如总兵张国钦、副将马名廉,仓促应战,相继被农民军毙命。贺人龙、郑嘉栋、牛成虎,看到威武雄壮的农民军从四面八方横冲直杀,逼近他们的营垒,吓得浑身哆嗦,为了逃命,不顾一切。汪乔年日夜盼望左良玉率兵来救,哪知左良玉也自顾不暇,没有勇气和余力来助他一臂之力。在李自成回师迎击汪乔年的时候,就昼夜不停地向南狂奔而逃了。

十五日,风雪交加。一时间,城中盛传左良玉的援军来到。汪乔年似乎看到了一点希望。但不一会儿得知的确信却使他大失所望。原来来到城下的不是左良玉的援军,而是河南地方武装李好部前来投奔李自成。李好的到来,增加了李自成部队的信心和力量。

几天前,汪乔年还是那样气势汹汹,不可一世,咬牙切齿地叫嚣要消灭农民军,如今他却身上连中数箭,疼痛难忍,手下只剩下残兵千余人,被围困在襄城城内,外无应兵,内无粮饷,呼天天不应,叫地地不灵。农民军在城下挖地道,埋地雷,十七日,点火爆破,炸塌城墙,冲进城内。汪乔年自杀未遂,为农民军擒获,押至城西3里外的韩家庄杀掉。李万庆、党威也同时被杀。由于举人张永祺与汪乔年勾结报复农民军,一些诸生也参与了其事,所以李自成在此杀了诸生197人,又悬赏缉拿张永祺,未能获得,实际上,他已被俘在罗汝才营中,未被认出,不久,即为该营中的一个小头目黄龙偷偷放走。

襄城战役历时5天,农民军采取灵活机动的战术,出其不意地展开猛烈攻势,大败明军,歼敌数万人,缴获战马两万匹,并且擒杀明朝兵部右侍郎汪乔年,使明王朝再次受到沉重的打击。当时明朝兵部右侍郎侯恂在上给朝廷的奏疏中说:李自成在河南,"一败汪乔年,再败傅宗龙,而天下之强兵劲马皆为贼有矣。贼骑数万为一队,飘忽若风雨,过无坚城,因资于兵。官军但尾其后问所向而已。"

襄城战役后,河南战场上的形势继续向有利于李自成农民军的方向演进。三月,明政府任命陕西总督孙传庭、总督保定杨文岳、总督凤阳史可法俱听督师丁启睿共同协剿。李自成在河南胜利推进,罗汝才也再次配合行动。克西华,下陈州,取太康、睢州、宁陵、归德府(今河南商丘);又克郑州、荥阳、荥泽、新郑。四月中旬,富有实力的小袁营亦来会合,三支部队联合,力量更加强大。十六日占领杞县,扫清了开封的外围,为最后拿下该城创造了条件。

五月二日,李自成的联军到达开封城下。这是李自成第三次围攻开封。农民军投入的兵力大大超过前两次:计有精锐步兵10万,铁甲骑兵3万,每一骑兵有马3匹,骑、步总人数号称百万。一度降而复返的汝宁府真阳县土寨首领沈万登,闻知闯王等合兵攻打开封,也率众万余赶来,参加攻城之役。

鉴于前两次硬攻受到损失,也鉴于城中防务比前有所加强,因此,这次主要采取长围困守的办法,使敌人援绝粮断,坐以待毙。

李自成的老营驻在城西大堤外阎家寨,离城20里。李自成的营帐也设在这里。其部下诸将都围绕在李自成驻地的周围。营地纵宽15里。罗汝才部驻在横地铺,两地相距不远。农民军骑兵往来巡逻,终日不息,不时有游骑下堤至城边侦察,全军时刻处在严密戒备的状态中。五月初的开封,正是麦熟季节。开封城外,麦浪起伏。激烈的战争,打破了昔日的平静。辛勤劳作的农民，已无法像往年那样来获取收获的成果。为了保证农民军的粮食供给，不使这些粮食落入官军手中，李自成下令组织割麦队，昼夜抢收。城中官军见农民军割麦，也派遣兵勇出城抢割。至十三日，靠近城边的麦子已被割尽，未割完的是大堤近旁之麦田。有消息传来，说明朝援兵将到朱仙镇。朱仙镇距开封不过40里，骑兵片刻可到，很明显，抢收任务必须马上停止，要立刻准备迎战。

崇祯帝听到李自成农民军又把开封包围起来，就接二连三发布命令，从全国各地调兵遣将，救援开封。他任命兵部尚书侯恂亲自到河南督战。命令接替汪乔年总督陕西军务的孙传庭赶快赴援，又下令在河南的兵部右侍郎丁启睿、保定总督杨文岳，还有总兵左良玉等，立即率军进援开封。崇祯帝特意发给左良玉15万两银子犒赏，指望他马到成功，能解开封之围，妄图用这种手忙脚乱的调遣来阻挡农民军的滚滚洪流。督师丁启睿、保定总督杨文岳和总兵左良玉、虎大威、杨德政、方国安等费了九牛二虎之力，纠集官军18万，号称40万，还有炮车1万辆，向开封进发。

开封守军得知这一消息后，也积极配合行动。抄写告示数十份，说什么攻城之寇，大半是河南本地乡民，被贼驱迫，原非得已。并且告诉他们："左镇已到，不日内外夹剿，恐尔玉石俱焚，尔可乘空逃散，莫徒丧命。"用箭射于城外。他们还开展战地宣传鼓动，将饼投给城外义军的士兵，嘱咐说："汝能把住洞口中，反戈刺贼，杀贼有效，仍以功论。"借以搞乱农民军的思想，使其脱离义军。

五月十三日，官军前锋到达朱仙镇。李自成闻报，马上派出一支3000人的队伍前往朱仙镇探听情况。很快遭到左良玉军的包围。李自成当机立断，决定暂时撤离开封，亲率主力部队，集中力量打击来援的官军。为了防止开封城内的官军出城追袭，使义军陷于腹背受敌的不利地位，李自成派人持伪造的左良玉部令箭令旗与印符，到城下大呼道："我左营所遣，我兵已困贼于朱仙镇，擒在旦夕，大兵势重，汴兵不可出城，防守为急。"城内的明朝官员信以为真，重赏来者以去，从而闭门不出。田野里有未收割的麦子，为避免落入官军手里，便放火烧掉。

朱仙镇在开封城西南，地处水陆交通要冲，是开封的门户。李自成也非常重视这个战略要地。所以，当李自成得知明军向朱仙镇聚集的时候，立刻作了相应的部署。只留下一小部分兵力继续围困开封，牵制城内守军不让其和外援之明军会合。他自己亲率主力，迅速占领朱仙镇高阜上流，并且在朱仙镇西南构筑炮台，台下挖深沟，各有哨兵同时出击拦截敌军，切断敌人的粮运、水源，在朱仙镇东南交通要道上开挖深、宽各一丈六尺的巨堑，长达百里，以切断退路。李自成命令全军将士，加强防守，时刻做好战斗准备，等待时机，痛歼来犯之敌。

朱仙镇两军对垒。农民军众逾百万立营于镇西南，官军立营于镇东水波集，联营20里。狡诈的左良玉为了保证粮饷的运送，强迫当地民众从这里修筑一条通道，连接开封，直达黄河北岸。饱受左良玉军队骚扰的当地人民，及时识破了左良玉的用心，奋起开展了抵制修筑通道和破坏通道的斗争，他们用石头填塞，使之不能运行。

会战开始前，丁启睿召集将领会议，研究对策。众将主张不一，会上争吵不休。左良玉以农民军兵力强盛，提出不要急于决战，实行缓攻。虎大威等志骄意满，坚持速战。最后决定：诸将同时并进。

会战开始了。保定总督杨文岳，依靠所拥有的1万辆炮车、火器等优良装备，发起了猖狂进攻。五月的中原大地，正当伏天，由于农民军堵截了贾鲁河上游水源，又切断了明军的粮运，所以，两日后，明军就为断水缺粮犯难，火药也不能保证供给。他们寄希望于开封守军出城配合，哪知此时开封守军根本就没有出城援助的打算。杨文岳得不到开封守军的救援军心大乱，士气低落。主帅丁启睿看到农民军发起反击，命令诸将率军出战，诸将不听

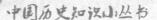

调遣，各有自己的盘算。左良玉在镇东南同农民军对打了五昼夜，感到支撑不了，就下令退兵，步兵在前，骑兵继后，妄图溜掉。左良玉兵马10余万，是这次增援开封的主力。为了取得全胜，李自成审时度势，运用避敌之锐，懈敌之志，乘敌之敝，命令全军将士，对于正在撤退的左良玉暂时不予阻击，遇到走在前面的步兵，要听之行，就是先放他们过去，遇到继后的骑兵，要斗而不鏖，锋才交即退，即只作一些有利有节的出击，造成敌军错觉，促其迅速撤退，以消耗和疲惫敌人。"唯待其过而从背击之"，就是等待左良玉主力撤退后，出其不意地从背后发起冲击，打个措手不及。同时，派遣精锐部队进行堵截。左良玉率军慌慌张张奔走了80里，农民军先让一步，避免大的交锋，他就以为农民军胆怯，不敢追击。这样，就可以溜之大吉，保存实力了。然而，就在这时，李自成命令百万之众，以闪电般的速度，发起猛烈追击，前面的阻击部队，也奋起进行截杀。左良玉的军队眼望前后尽是农民军的铁骑战马，像波涛激流一样冲杀过来，顷刻之间，阵营大乱，争先逃跑。面临农民军早已挖好的深沟长堑，狼狈弃马渡沟，后队挤前队，人仰马翻，互相践踏，狼藉的尸体，填平了壕沟，各种武器辎重扔得遍地都是。数万强兵劲马，大溃星散，左良玉一口气从朱仙镇逃回襄阳。紧接着，丁启睿、虎大威、杨文岳等各路明军，也东奔西逃。农民军紧追不舍，杨文岳带着少数残兵遁逃归德。督师丁启睿，吓得面无人色，体如筛糠，只身逃出农民军的重围，为了逃命，连朝廷赐给的敕书、印、剑都不知丢到什么地方了。大规模的朱仙镇会战，就这样以明军的溃败而告结束。

崇祯帝获悉丁启睿在逃窜时竟把督师的敕书、印、剑都丢失一空，怒不可遏，降旨将丁启睿逮捕下狱，杨文岳革职听候处置。左良玉虽然倡逃在先，由于他兵多势大，朝廷有所顾忌，只把另一总兵杨德政予以处斩。

朱仙镇战役是明王朝为救援开封发动的大战役，出动20万军队，结果全部覆没，数万人被俘，各种武器军资尽被农民军缴获。这就宣告了救援开封计划的彻底破产，使得明朝官员们不得不懊丧地说：朱仙镇之败，明军"十八万人马，一齐溃散，而中原之事，遂不可复问"。有的无可奈何地哀叹："劲援既溃，汴城遂无生机。"五月二十二日，李自成收兵返回开封。

崇祯帝为河南战局忧虑。六月，他把户部尚书侯恂从狱中放了出来，让他担任兵部右侍郎兼右佥都御史总督保定、山东、河南、河北军务，辖平贼、援剿等镇官兵，驰援开封。又提拔三名御史前祥符知县王燮、杞县知县苏京与河内知县王汉为监军，监督各镇兵马，协力援汴；又命山东总兵刘泽清领兵进抵黄河南岸，刘泽清畏怯不敢进，只令各自把守渡口，避锋河北，隔岸观战。新任命的督师侯恂手下只有少数兵马，驻在开封对岸的柳园，感到束手无策，甚至主张放弃河南。他在给崇祯帝的上疏中提出："为今计，苟有确见，莫若以河南委之。"明政府有心让左良玉出战，他却惊魂未定，不敢轻举妄动。催促孙传庭出战河南的命令颁发了，可是，他以"新募兵不堪用"为口实，迟迟不发兵。农民军在朱仙镇大败明军后，斗志更加旺盛。百万大军重返开封，继续采用长期围困的策略。开封城郊的人民群众，有的拿着工具，帮助农民军挖地道、修营垒；有的送大车、抬门板，协助攻城。开封城内贫苦市民、妇女们趁出城采集野菜的机会，主动到农民军营房，向农民军提供城内守军的活动情况，有的给农民军提供物质帮助。如铁匠孙忠，暗地里便私自打造了几百个箭镞，写下手摺一个，内称义军为天兵龙爷，以趁开封当局放饥民出城采青的机会混出城去。不幸被把门的军士搜出，结果被惨无人道地用长钉将四肢钉在城门。开封守军被围三个月后，文武官员见救兵溃散，守城的官军力量又单薄，不足以同起义军相抗衡，就以共同的利害来动员地主豪绅，组织反动武装负隅顽抗。

六月二十六日，明开封府推官黄澍在曹门竖起一面大白旗，上面写道："汴梁豪杰，愿从吾游者立此旗下。"这一招，果然有效，开封城内的上层人物，宗室郡王、乡绅、士民、商贾情绪高涨，无不愿意入社。在短期内就集结了一支上万人的队伍。被指派为头目的都是明宗室、乡绅和富商大贾。但是，民心向着农民军，在明政府如此严密控制下，仍然有贫苦群众冒着生命危险投奔义军。

为了争取城内明朝文官武将停止抵抗，李自成向城内发布了一份重要文告。这份文告用箭射入城内。原文如下：

"奉天倡义营文武大将军李示：仰在城文武官吏军民人等知悉。照得丁启睿、左良玉俱被本营杀败，奔走四散。黄河以北援兵俱绝。尔等游鱼釜中，岂能长活，可即开门投降，一概赦罪纪功，文武官员照旧录用，断不再杀一人，以干天和。倘罪重孽深，仍旧延抗，本营虽好生恶杀，将置尔等于河鱼腹中矣。慎勿沉迷，自贻后悔。"

这份告示，向城内各界说明当时河南的军事斗争形势，李自成长期沿用的"八队"的营号，这时已经改为"奉天倡义营"，他的闯将、闯王称号也随之改为"奉天倡义营文武大将军"。在称号上突出了奉天倡义，明显地具有号召各路义军和广大群众共同推翻明王朝的意义。告示中命令开封城内的明朝官僚立即投降，并且宣布"照旧录用"，表明义军已有建立政权的明确意向。

文告给开封城里的明朝官僚指明了出路。然而，城内官绅依然把希望寄托于明廷调集兵力把他们解出重围。他们对义军的文告置之不理，继续负隅顽抗，从而给开封城内的百姓带来了极大的灾难。城内的粮食严重恐慌，每天都有大批居民活活饿死，官军为了维持性命，强行摊派。粮食每石折银由80两，增加到130两。交不出粮食和银钱的就"先捉幼男女以大针数百刺其肤，号叫冤惨"。有些富室也竟因此而遭拷掠不免一死。守城的官军持巡抚的令箭闯入民家搜粮，除郡王以上的府第外，无处不搜，"掘地拆屋破柱以求"。市面上粮价飞速上涨，"米粟百金一斗，青菜千钱一斤"；后来完全断市，有钱也买不着食物。城里粮食告绝后居民们吃牛皮、皮袄、药材、水草、瓦松、马粪、胶泥等以求苟延时日，最后竟至于出现以人为粮的悲惨局面。

进入九月，开封外无救兵，内无粮草。守城的决策者高名衡、黄澍等为了逃避失城陷藩的罪责，竟丧心病狂地策划掘开黄河大堤，放水淹没开封和围城的义军，以解救眼前燃眉之急。这一罪恶计划得到周王支持，密奏朝廷又得到朝廷认可，于是高、黄等人秘密差人潜渡河北，约请巡抚严云京见机行事。严云京见到书信后，派副将卜从善率兵驾舟至南岸，偷掘黄河大堤，掘一昼夜，为农民军发现，领兵冲散。此为官军第一次掘堤，时间是这年夏天，地点一在朱家寨，一在马家口。

九月十五日夜，秋雨连绵，黄河暴涨，怒涛巨浪，奔腾咆哮，一泻千里，吼若雷鸣，声闻百余里。繁荣昌盛势若两京的开封名城，首当其冲。黄水从北门入，整个城市全被淹没在茫茫的洪水之中，只有钟鼓二楼与王府的屋脊，显露在水面上。无数的房屋、家具、尸体，随水漂流。滔滔的洪水，顺流而下，流入涡水、泗水、淮河沿线的睢州、太康、柘城、鹿邑、陈州等几十个州县，都遭淹没。泛滥的黄水，流入黄河故道，也给虞城、亳州（今安徽亳州）一带的人民造成了严重的威胁。正是在这个时候，被围在城内的高名衡、朱恭枵等一伙却乘船逃出义军的包围，那些丧尽天良的官军在逃走的过程中，又大打出手，公然哄抢灾民们随身携带的一些财物，有的甚至将灾民推入汹涌的洪流之中。

面对突如其来的洪水，义军将士匆忙转移到大堤等高处避水，而来不及转移的1万多人被洪水夺去了生命。时人陈之遴写了一首《汴梁行》说：

"守臣登牌但垂泣，面若尘土心寒灰。绣衣使者出奇算，中夜决堤使南灌。须臾盈城作鱼鳖，百姓尽死贼亦散。九重闻报空痛心，缙绅万舌缄如暗。"

明政府的这一罪恶行径，充分暴露了他们灭绝人性不择手段的本性。在决河灌汴的问题上，他们竭力施展颠倒黑白的伎俩，把罪责推到起义军的头

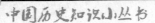

上。某些史籍的作者也采取各打五十板的方式，说明朝掘朱家寨大堤，起义军反掘马家口，这不仅违反事实，在情理上也说不过去。经过长期围困之后，开封城已像熟透的果子一样，眼看就要落到义军手中，李自成怎么可能去掘堤淹城，使胜利果实付之东流呢！

开封淹没的消息传到北京，崇祯帝首先关心的是周王及其宫眷的安全与下落，得知周王及眷属无恙时，那颗悬着的心才放了下来，立即对守卫开封的高名衡等大加表彰，加高名衡兵部右侍郎，赏银40两；擢王汉为右佥都御史，代高名衡巡抚河南；以黄澍守汴护藩有功授江西道御使赏银30两；王燮已经考选，候俸满日优叙京堂，赏银30两；加陈永福职二级，赏银30两；加陈德职一级，赏银20两；其他官员如任浚、梁炳、吴士讲等，分别升赏有差。同时还拨出银10万两，让御使黄澍押赍前去。内除3万两特赐周王，以备宫眷供役之需外，其余7万两，由黄澍与河南抚、按酌量分派；首察郡王、宗室见存若干，分别周赍伤亡；次察其有无眷属，均行给予。再次察现在汴城守兵并迁徙河北饥民若干，一体犒赈。事后，虽有一些官员上疏，要求追查开封守城官员决堤淹城的责任，但迟迟不予理问。直到崇祯十七年（1644年）正月，兵部尚书张缙彦等人还在异想天开，提出派人去开封捞取水中沉银。崇祯帝一听，立即催促火速进行。大学士蒋德璟等人会商后回奏说："至枢臣所奏汴城捞银一事，其名不甚雅。欲专责抚按，又恐别有漏卮。察得工臣周堪赓见在河工，即以汴城修复之举，权令相度而去其积水捞出余银，借修城之名而收助饷之实，似亦事理之可行者。"崇祯帝似乎觉得的确有失大雅，才改变主张，批示"其汴城捞费一事，宜专官密行"。

从崇祯十四年（1641年）初到十五年（1642年）九月，李自成等部义军先后三次进攻开封，特别是第三次集兵数十万围困了四个多月，志在必得，原因何在呢？说到底，在于开封地理位置的重要性。当李自成第三次围攻开封时，明汜水县知县周腾蛟在上书中曾说："独念汴城系河南枢纽腹心、南北咽喉也。汴城不守是无河南，河南不保是无中原，中原不保则河北之咽喉断，而天下之大势甚可忧危也。"明安庐巡抚郑二阳也说："中原为天下腹心，开封又中原腹心，闯贼眈眈窥犯为谋甚狡。虽幸固守无恙，然属邑丘墟，则开封亦块然孤城。倘一旦沦陷，天下事尚忍言哉!"此其一。其二，是李自成打算在此建都。李自成军中的骨干是陕西人，这时拥众百万，其中绝大多数都是河南人，他的领导核心中牛金星、宋献策及李岩也都是河南人，制定的战略是"据中原，取天下"，这也是他决心拿下开封的重要原因。其三，开封是明王朝决战中原的据点，非但派遣重兵把守，而且动员组织全国各地的兵力前来增援。李自成一而再，再而三地发起围攻，志在必得，而明王朝志在必守，从根本上说，就是为夺取这个战略要地。千里中州的易手，使李自成起义军获得了战略上的主动地位，而明王朝则由于咽喉被扼，腹心内溃，陷于半瘫痪状态。

崇祯十五年（1642年）二月，崇祯帝决定起用孙传庭，在召见时问他需要多少兵马？他以三年前的眼光看问题，随口回答有5千精兵就够了。崇祯帝非常高兴，立即任命他为陕西三边总督。孙传庭接任后才发觉事态的变化已不像他所想象那样，立即上疏说非练兵二万，饷百万不可。崇祯帝以为他出尔反尔，在奏疏上批示道："原议练兵五千可以破贼，何以取盈二万？且百万之饷安能即济？"

明师在朱仙镇大败，开封没于洪水之中，崇祯帝急了，责成孙传庭火速出战河南。迫于皇命的压力，他只好遵命行事。

九月二十二日，孙传庭率领五位总兵即高杰、左勷、白广恩、郑嘉栋、牛成虎，东出潼关，沿黄河北岸东行，越过太行山，由汜水渡河向南，潜入禹州。另派偏师出武关，由南阳趋宝丰，北上与主力会师。沿途的一些地方武装，也随从助战。十月初，孙传庭到达郏县。军队分成四路：前军由牛成虎指挥，中军以高杰为头目，左翼让左勷带领，右翼让郑嘉栋指挥。命令部

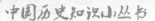

队在郏县，构筑工事，设下三道防线，以待农民军出战。

明军来势迅猛。李自成率军由汝宁出发，北上西行迎击，二十四日，在郏县城东讲武场，与牛成虎带领的先头部队相遇。农民军猛烈反击，牛成虎佯败，且战且退，诱使农民军进入埋伏。由于义军对于这种情形估计不足，部队尾追，陷入敌军的包围之中，首战失利。

情况十分严重。李自成指挥部队，顽强地与官军展开肉搏，突围东走，渡过汝水，向西南撤退。明军得寸进尺，尾追30里，到了郏县冢头、柿园。李自成动员全军将士，把一些辎重盔甲、旗鼓仪仗和随身携带的物品，丢弃于路上，诱使明军抢夺，以混乱敌军的阵势，然后相机反击，夺取胜利。明军一看路上到处扔的都是财物，个个喜出望外，纷纷下马抢取，你争我夺，乱七八糟，不成样子。恰在这时，罗汝才率部增援赶到。看到明军都在争先恐后地抢取财物，乱不成军，就冲了上去。明将左勷在柿园，正在兴致勃勃地督令部下继续追击，突然发现农民军从自己的背后猛杀过来，霎时间就乱了阵势。李自成即刻命令部队回军反击。在这场你死我活的搏斗中，农民军将士振臂挥刀，奋勇冲杀。随军家属中的妇女和儿童也挥戈上阵，英勇杀敌。农民军重新掌握了战场上的主动权，对明军实行前后夹击。明军因怀里、衣袋里都塞满了抢来的各种财物，行动不便；马鞍上胡乱挂满抢来的各种财物，使战马不能疾驰，结果大败，被追杀掉入河水中溺死者不可胜数。左勷的左翼首先溃败，急得主帅孙传庭手忙脚乱。他连忙驱使各军进战，总兵郑嘉栋、白广恩被农民军的强大威力吓破了胆，不敢出动。高杰率军负隅顽抗，很快被农民军杀得七零八落，不成体统。孙传庭拼死挣扎逃出重围，先逃巩县，再遁回西安。这次战役遇到天下大雨，粮饷不至，明军饥饿难忍于是采摘当地柿树上的柿子充饥。由于主战场在柿园，当地人称此次战役为柿园之战。孙传庭所部联军全军覆没，副将孙枝秀、参将黑尚仁等大小将官78人全被毙命，各种辎重全部丢失。孙败回陕西后，上疏自劾，诏令戴罪立功。

郏县战役后，明政府在河南黄河南部的军事据点已经丧失，只有保定总督杨文岳这个败军之将，还盘踞在汝宁（今河南汝南），实力尚未受到触及。

汝宁，位于汝河岸上，是豫南一个重镇。这里是明汝宁府治所在地，崇王的王府也在这里。自1640年后，河南成为农民军与明王朝激烈搏斗的主要战场，从襄城战役到郏县战役，这里一直是明王朝用兵的枢纽之一，是保定总督杨文岳与明将左良玉等进行军事围剿的一个据点。

左革五营是取左营与革营二营别号首字定名的，人称左革五营，或称革左五营。左即左金王贺锦，革即革里眼（一作格里眼）贺一龙。五营还包括老回回马守应、争世王刘希尧、乱世王蔺养成。他们原是早期民变的首领，各自成为一军，在反明斗争中五营联合形成比较稳定的军事集团，实力相当可观。他们依托大别山即英霍山区开展斗争。这里形势险要，且在战略上占有重要地位：东面对明王朝的陪都南京构成威胁，东北方向则是凤阳皇陵，西面同张献忠、罗汝才等部义军相距不远，可以收到相互呼应的效果。五营作战机动灵活，使官军常常处于被动。明政府为了保卫南京和凤阳、泗州祖陵，指派朱大典、史可法等人统军加意防守。

李自成在粉碎孙传庭的进剿以后，曾经准备乘胜尾追。革里眼贺一龙提出汝宁的兵马尚多，不可轻视，引起了李自成高度注意。于是决定进兵汝宁，拿下这个据点，荡平河南明军的势力。闰十一月初七日，李自成、罗汝才、革左五营分道由上蔡、舞阳向汝宁进发。

朱仙镇会战，杨文岳被打得焦头烂额，败回汝宁，只有残兵3000人。为了保住这个据点，明政府又调川营参将王希申、湖广参将温良玉带领万余人前往这里加强守备。杨文岳还以极其残忍的手段，到处捕杀当地起义领袖和群众，又纵容士兵，到处搜夺米麦，劫掠财物，以补充军饷。又到处砍伐树木，拆毁民房，征调劳动力，赶筑城垒，弄得人民一刻也不得安宁。他重新

组织力量，把守城东，自己带领保定兵立营于城西，妄图固守汝宁。为了拔掉这个据点，李自成命令农民军分兵由上蔡、舞阳出发，直逼汝宁，动如雷霆，行如疾风。十日，杨文岳派出侦探贾都司得知李自成部西来，即刻回城禀报。他信誓旦旦地表示，无论成败，都要以一死报效朝廷。

当天夜二更，贾都司率步骑千余，纵火哗变，向南逃走。十二日晚，农民军的先头部队，进抵汝宁北关，离城仅30里。第二天，农民军主力数十万人到达汝宁城下，实行快速猛攻的方针，立即展开强大的攻势。据守在城东，由监军金事孔贞会指挥的川兵，一下子被打死打伤数百人，剩下的不战而走，到处乱窜。川兵的溃散，急坏了杨文岳，他急忙下令窑场守军出战。这时农民军置火炮于汝河堤上，对准南湖，猛烈炮击，没有多长时间，就全部摧毁了这里的营栅。溃兵们挤挤拥拥，不少人掉进城濠水中溺死。与此同时，城东、城西守军的营垒，也相继被摧毁。这时，杨文岳手下的几个得力干将，如总兵虎大威，已中炮而死，指挥熊应吕、梅振英等，也先后被农民军击毙。杨文岳遭到农民军的层层包围，进无力量，退无去路，只好龟缩城内，驱使兵卒固守城垒。崇王朱由樻知道起义军兵强势众，汝宁难守，唯恐落个福王和唐王的下场，提出开门投降，被杨文岳阻止。杨还下令有敢言降者，吾亲手杀之。十五日，农民军四面环攻，火炮齐鸣，密集的火炮、箭矢，射向城上。城上守军，也拼命还击。至中午时分，英勇善战的农民军勇士们顶起门板，冲到城下，炮声、战鼓声、喊杀声震天动地，一架架云梯依墙而立，一鼓百道并进，西、北两门同时被击开，义军一拥而入。

明保定总督杨文岳、监军孔贞会都当了俘虏。李自成亲自审问，杨破口大骂。自成大怒，命人缚至城南三里店用火炮轰毙。崇王朱由樻及他的弟弟河阳王朱由材、世子朱慈辉投降，李自成为争取明宗室的支持，封朱由樻为襄阳伯。这一做法，表明对明宗室的态度已有所修正，开始实行区别对待的政策。

　　汝宁是明王朝控制河南的重镇，是封建统治阶级在豫南进行军事活动的最后一个据点。李自成拿下汝宁并且击杀保定总督杨文岳和总兵虎大威等，将河南黄河以南的五府八十五州县全都控制在自己手中。由于两年来李自成稳定在河南境内，对占领地区不再是流而不守，而是留下一部分军队驻守和屯田，并且派设地方行政官员管理事务。一些随军家属也被留在某些城镇。随着守土政策的提出，恢复社会生产和解决农民生活问题，军队的经费与粮饷问题，也都提到议事日程。各地农民在农民军政策引导下，纷纷回到自己家园，从事农业生产，商业贸易也恢复起来，农民起义军纪律严明，保护百姓利益和生命财产安全，人民开始过上安定的日子。他们编成"杀牛羊，备酒浆，开了城门迎闯王，闯王来时不纳粮"歌词来表达对美好生活的憧憬。

襄阳建政与关中——北京的战略决策

崇　祯十五年（1642年）与十六年（1643年）之交的几个月间，明王朝处在内外夹击的火山口上。十一月，清兵越过北京南下，烽火及于直隶与山东两省88个州县，有36万男女被俘。闰十一月，李自成在郏县大败明军，罗汝才与左革五营也前来会合，所向披靡。

夺取开封是李自成实现据中原、取天下战略的关键步骤。而今开封没于洪水之中，百万生灵幸存者不到十分之一，恢复重建开封绝非短期内即可完成的，再在这里建国立业已为事实不许可。此时李自成经营河南以南的全部地区已有两年，急于组建自己的政府，因而，在放弃开封之后的又一选择，便是以襄阳为根本建国立业。李自成所以作出这一选择，一是因为襄阳地理位置重要，明末清初著名地理学家顾祖禹曾说：湖广之形势，以东南言之，重在武昌；以湖广言之，则重在荆州；以天下言之，则重在襄阳。这是因为襄阳号称天下咽喉之地，位居楚蜀上游，其险足固，其土足食，东暇吴越，西接川陕，南跨汉沔，北接京洛，水陆冲辏，转输无滞。这也是自魏晋以来兵家所以要争夺它的原因所在。二是当时张献忠正在安徽湖北交界地区活动。如果从汝宁南下直趋武昌，势必与张献忠部发生冲突，所以他不选择直接南下攻取武昌，而由汝宁西行，经确山、泌阳、唐县南下襄樊。这样，也就避免了与张献忠之间的正面冲突。

据守襄阳的明将左良玉，有众20万，号称30万。明朝防守长江沿线部署的重点放在樊城西羊皮滩、钟家滩等浅滩地区，在此部署重兵，并埋下水雷、暗弩，但襄阳守军缺饷，全靠抢掠维持生计，引起当地百姓的愤慨，放火将他们的战船烧毁。他们听说李自成军要来，纷纷焚香顶礼，牲酒远迎，甚至充当向导。由于有民众的配合，农民军绕过明军的布雷地区，在西距樊城70里的白马滩渡过汉江。该处江水较浅，仅及马腹，数万名士兵用门板做浮桥，架着铳、炮，步兵在前，骑兵在后，蜂拥呼啸涉水而渡。左良玉急调兵堵御，用大炮、鸟枪、药铳、利箭狂发猛射。农民军边渡边还击，虽然水流很急还击不那么得手，有数千战士牺牲漂没江中。由于农民军的奋勇冲杀，终于登上了汉江南岸。左军遗尸遍野，拔营南走，向承天溃散而去。郧阳巡抚王永祚、护卫福清王及唐王世子登舟潜逃，船刚开出，农民军的骑兵就开进了襄阳。

十二月四日，李自成等在襄阳郊外扎营，稍事休息，即分作东、西、南三路，分头出动。

西路军于初八日攻占均州（今湖北均县）。投降了明朝的惠登相驻均州，敛兵避趋武当山，依险自保。守将高万锦自溺汉江而死。十二日，大军攻郧阳，守将高斗枢率王光恩、王光泰等在城内固守。两军在城郊四铺嘴、青龙寺及北城土墙外激战四昼夜，相持不下，各有死伤。十五日，农民军放弃攻城退走。

罗汝才、贺一龙率领的一路，十二日，攻克德安府，旋继续向东，攻打黄州府。

李自成亲自统率的一路，精骑2万，从征将领有任光荣、孟长庚、老回回马守应等。部队在襄阳城外扎营。营地长百余里，横50里，声称南下打荆州，再东下夺取南京。襄阳城破的第二天，湖广江北巡按李振声行牌荆州，朱批道："贼骑二万，飞走荆州，初六、七间即到。左兵已逃至承天。速为

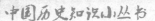

料理！如迟，祸在不测！"

荆州府治与江陵县治同在一城，江陵又是惠王朱常润藩封之地，偏沅巡抚陈睿谟奉旨"守荆护藩"，亦暂驻于此。初八日，李自成前锋数百骑突至荆州城北高庙地方，城中惊恐万状。初九日午时，陈睿谟以护藩为名，护卫惠王由南门登舟，准备行将远扬。城内无一人防守。为了等待大部队的到来，前锋部队每天数百骑或千余骑出没城下，观察动静。十六日巳时，大部队来到后，立即发起猛攻，铳炮声霹雳震天动地，突破北门，潮涌而入。陈睿谟随同惠王乘船逃出，向公安、石首逃去。李自成派出骑兵搜索追赶，没有追上。惠王又向岳州逃去，遇到大风，江上风大浪高，险些葬身鱼腹。左良玉从襄阳逃到承天，人马饥疲不堪，巡按御史李振声关闭城门，不许他们进城。左兵得不到食物，东走汉口，又从汉口抢船渡江，二十四日入武昌，所过之地，大肆抢掠，鸡犬不留。

李自成在攻打荆州时，曾分出一支人马由沙洋渡汉水，作为先遣队，逼向承天。承天是明嘉靖皇帝父亲兴献王朱祐杬的封地。武宗没有自己的儿子。朱厚聪作为继承人登上了皇帝宝座，因此钟祥成为龙兴之地，升格为承天府。钟祥县北纯德山显陵是嘉靖皇帝的父亲兴献王朱祐杬的坟墓所在地，配备重兵，设立承天、显陵二防守。为了加强这里的防务，不仅调他省援剿总兵前来协守，还令本省巡抚与巡按坐镇承天保护陵寝。但当地民众并不支持这样做，而是心向李自成。他们听说李自成部队要来，就在自家的大门上大书恭迎王师，有的还准备打开西关城门欢迎义军入城。李自成大军到达后，在钟祥县石牌地方用船搭浮桥，次日刮起大风，江面波涛起伏，船只损毁严重。他一面命令部队抓紧抢修，同时搭造浮桥，二十八日，浮桥建成，部队顺利渡过汉江，直逼显陵。在这里防守的是巡按李振声、总兵官钱中选。守陵官军栅木为城，据城而守。元旦这天，李自成亲自指挥将士进行火攻，烧毁木城，焚毁陵殿，占领陵地。承天知府王玑开城迎降。守卫承天的明总兵官钱中选被击毙。湖广巡抚宋一鹤畏罪自杀，留守沈寿崇被杀，总兵温如珍战死，分巡副使张凤翥逃入山中。钟祥知县萧汉突围至显陵被执，关押于吉祥寺，自杀而亡。与李自成同乡的李振声，违心投降后，给他官做，乘坐肩舆出入军中，闯王呼其为兄，很受优待；但因他始终心不情愿，暗中与官军相通，事机败露被杀。钦天监博士杨承裕被俘，主动投诚，自称精通天文、地理、礼乐、兵法，能佐李自成取天下，受到重用。李自成下令改承天为扬武州，同时根据杨承裕的建议派王克生发兵挖掘显陵。新任州牧张联奎为之准备了锹锄工具，行将开始，忽然狂风大作，天昏地暗，电闪雷鸣，声震山谷，李自成顿生疑心，于是停止。后因在襄阳修建宫殿，将享殿拆除，建筑材料运往襄阳。

李自成等破承天后，又分兵下德安、潜江、京山、应城、云梦、孝感诸县。川、鄂边界巫山地带本地义军，亦假借李自成的旗号东下，前来响应。自成在进军黄州时，发布文告，公开指斥崇祯帝罪行，申明义军的政策主张，文中写道：

为剿兵安民事。明朝昏主不仁，宠宦官，重科第，贪税敛，重刑罚，不能救民水火；日馨师旅，掳掠民财，奸人妻女，吸髓剥肤。本营十世务农良善，急兴仁义之师，拯民涂炭。今定承天、德安，亲临黄州。遣牌知会，士民勿得惊惶，各安生理。各营有擅杀良民者全队皆斩。尔民有抱胜长鸣迎我王师，立加重用。其余勿得戎服，玉石难分。此檄。

这篇檄文，针锋相对回击了明王朝对农民军的诽谤。朝廷以"剿贼安民"为号召来镇压农民军，农民军以其人之道，还治其人之身，也以"剿兵安民"为号召发布文告回击明王朝。这篇檄文在社会上引起了强烈的反响。明将堵胤锡曾说："猾贼创为剿兵安民之说，以愚黔首，所到之处，翕然从之。"马世奇也清楚看到这一点，说："贼以剿兵安民为辞，一时愚民被欺骗，望风投降。而贼至为散财赈贫，发粟赈济，遂于所到之地，视死如

归。"它表明李自成在开展强大军事攻势的同时，政治攻势也在大张旗鼓地进行。这份文告，宣传了农民军的政策，赢得了民众，分化瓦解了敌对营垒，明黄州守将姚雄飞、毛凤奇向农民军投诚。不到两个月时间，李自成席卷荆襄六府州县，所向无敌。

李自成在黄州停留数日后回师武汉。左良玉军队在武昌纵兵抢掠，坏事做尽，激起当地人民愤慨。监纪王石云与左良玉狼狈为奸，相互包庇为恶，群众愤极，夜间将王石云杀死在武昌城头。李自成的大军逼近武汉，武昌居民暗地造册，准备开门献城。左良玉见此情景，不敢在此停留，还未等农民军来，便逃离武昌，向九江奔去。李自成继续领兵东进。十五日夺取汉川，十八日攻下汉阳府，收缴明军船只四五千只，准备攻打武昌。由于江水湍急，义军缺乏水上作战经验，许多船只没于风浪之中，计划未能实现。于是李自成返回云梦，罗汝才也重返德安。

二月五日，李自成、罗汝才回到襄阳。这时候，已据有河南黄河以南全部及湖北大部地区，拥众百万，为曹操、革里眼、老回回、争世王、治世王等拥戴，被推为盟主，于是决定以襄阳为根本，组建政府。当然，与古都开封相比，这里人口数量少于开封，各级官署与襄王王府规模也不及开封。基于这一情形，李自成决定营建襄阳。拆毁承天显陵享殿就是为了满足这一需要。

李自成起事后称闯将，后称闯王，此时称奉天倡义营文武大元帅，罗汝才称代天抚民威德大将军，统领下设军政机构。这时还没有建国号，也没有设立自己的年号，来往公文与布告也不用明朝纪年，而是以干支纪年。中央政府暂名为倡义府（为奉天倡义文武大元帅府的简称）。其机构设置与职官制度由牛金星设计，大体上是依于唐制，这是由于唐代皇帝姓李与李自成同姓的缘故。

中央政府设丞相一人，以牛金星担任。设吏、户、礼、兵、刑、工六政府（即六部），分理政务。各政府设侍郎、郎中、从事等官，此时尚书一职空，只设侍郎一人，进士御使喻上猷任吏政府侍郎，广西布政使萧应坤任户政府侍郎，杨承裕任礼政府侍郎，邱之陶任兵政府侍郎，邓岩忠任刑政府侍郎，安乐府尹姚锡胤任工政府侍郎。侍郎之下设立从事等官。

地方政府也在建立。由于当时占领的地区只有河南省的大部和湖北省的一部，所以暂不设省一级机构；在原来明朝道一级的管辖地区，取消分守道和分巡道的名称，设防御使一人，主管该地区的行政和治安。各府设府尹，另据事务的繁简，酌情设立府同、府判等官；州设州牧，大州增设州同；县设县令、主簿等官。各级官员都分别颁给印信或札符，逐步走上正轨。为了镇压地方官绅的叛乱和其他破坏活动，除在军事要地部署劲兵驻守以外，还在县一级以上地方设立都尉、掌旅、部总、哨总等武职官员，统领地方武装。到崇祯十六年（1643年）五月，李自成的襄阳政权派设官员的地方，已经北至黄河南岸，南达湖南的澧州、安乡、华容，可以说是颇具规模了。

襄阳政府的官员也分品级，大凡太师，一品；六政府尚书，二品；六政府侍郎，三品；六政府从事，四品。至于外官及府、州、县官，各为何品，以及太师与上相、左辅、右弼是否同属一级，史书缺少具体记载。武官不设一品，二品曰权将军。

由于大规模地建立政权机构的需要，李自成决定采取征聘和开科取士，选拔人才。占领荆州后，在崇祯十六年（1643年）正月考试诸生，题为《三分天下有其二》。参加考试的共9000人，中试者7名。首名赏300两银子，其余6名赏100两；未中试者也赏给10两以资鼓励。并且向河南防御使发出通知，要他举行考试考取生员，"一、二等者送伪吏政府选官，又提调府州县在籍乡绅，量材擢用。"

为了巩固和扩大胜利成果，李自成整顿和改革军队组织。把起义军划分为担负攻城野战的五营及镇守重要城市和战略要地的地方军，授予各级将领以正式的职称。设五营（中、左、右、前、后），由各级将领统领。设立权将军（二品）二人，由田见秀、刘宗敏担任。田负责诸营军事，刘负责总部直属部队。权将军以下，设制将军（三品）、果毅将军（四品）、威武将军（五品）、都尉（六品）、掌旅（七品）、部总（八品）、哨总（九品）等，李自成的亲信将领29人，分别在五营中。诸营将校在军中仍沿旧习，百人之长称小掌家，千人之长为中。

五营中规模最大的是标营，又称中权亲军，或称中权营。在刘宗敏之下有制将军贺锦、李岩；帅标正威武将军张鼐，帅标副威武将军党守素副之；帅标左威武将军辛思忠，帅标左果毅将军谷可成副之；帅标右威武将军李友；帅标前果毅将军任继荣；帅标后果毅将军吴汝义。

左营：制将军刘芳亮，左果毅将军马世耀，右威武将军刘汝魁。

右营：制将军刘希尧，左果毅将军白鸠鹤，右果毅将军刘体纯。

前营：制将军袁宗第，左果毅将军谢君友，右果毅将军田虎。

后营：制将军李过，左果毅将军张能，右果毅将军马重僖。

五营领兵230余队，中军营约100队左右，余如左、右、前、后营各领兵30余队。五营士卒共计马步精兵6万人，加上随从兵员及家属逾百万。

五营各以不同旗色相区别。每队立一标旗，行军时随旗前进；每一营将，制一坐纛，作为一营标志。"标营"之旗用白色，以杂色号带为别；坐纛则用黑色。左营白旗、白纛；右营红旗、红纛；前营黑旗、黑纛；后营黄旗、黄纛；唯李自成旗用白鬃大纛。顶上有银浮屠，壮如覆釜，无雉翎装饰。

分镇地方的主将和军队配备是根据占领区情况设立的。军队配置的原则，按照5个防区，即襄阳襄阳卫，荆州通达卫，承天扬武卫，汝宁汝宁卫，禹州均平卫。以守卫荆襄为重点。设将军13人。计襄阳、荆州、夷陵、荆门州、澧州、承天、安陆、汉川、汝宁、信阳、禹州、郑州等。襄阳卫，以左、右威武将军高一功、冯雄，各领3000人戍守。通达卫，以制将军任光荣，领兵6000人守荆州。夷陵，以通达卫左、右威武将军蔺养成、牛万才领兵1400人，都尉张礼领水师600人共为戍守。荆门州，以都尉叶云林领兵600人戍守。承天，以果毅将军白旺领兵2000戍守。显陵，以左营都尉马世泰戍守。汉川，以威武将军谢应龙领兵马3000戍守。汝宁卫，以威武将军韩华美领兵800余人驻信阳戍守。均平卫，以果毅将军周凤梧领兵700人戍守禹、郑二州。澧州，改用威武将军王文耀领兵6000戍守。

军队的各项管理也日趋制度化。

宿营。农民军宿营，不许占居民房，一律住进随身携带的帐篷里，即使打下城池，也只能住进帐篷，不许入据城内。为保证宿营安全，以骑兵一营外围巡绕，昼夜轮流，警候严密，又于营地派人登上屋顶或高阜瞭望，若见动静，高叫传警，塘马急去各处传报，顷刻之间远近兵马，即可闻警赶来。若在某地驻营日久，必派出塘马远至百里外巡逻，名曰"逻山"。扎营以火为号，晚上在宿营地床前各置一团大火，总门前也置一团大火，名叫打亮子。

行军。以中权营所向为准，中权营开往何处，其余四营制将军各率其部下诸将士随行。行军时，各队更番警戒；今日头队、二队当前，四队、五队催后，六队、七队两边押巡，其余，俱从中散行；明日则八队、九队当头，十队、十一队催后，十二队、十三队两边押巡。如此循环往复。午饭后，打"窝铺"者先行，每遇岔道，就在路口处留下一人大声叫喊："某队在此!"这种办法称为"传路"，此队人马俱依指示往此路而去。"传路"亦由各队轮值担任。为保证快速行军，大军转移，不多携辎重，不多带行粮。军中以马为家，皆爱惜战马，马专门留到打仗时骑用，平时行军骑骡。转营时，军中衣物、器械都用驴驮载。战时，若途遇崇岗峻岭，挥鞭驱马，腾跃直上。如遇淮、泗、泾、渭等大河，则用土囊壅塞上流，人或蹲在马背上，或抱马鬃、或牵马尾，呼啸而过，疾如风雨。除黄河、长江等不能越渡外，其他一般河流，均可壅流涉渡。如有紧急军情，四更即起，饱食备马，整装待发，只要一声令下，即刻起行。行兵严格保密，忽东忽西，虽左右不知所往。

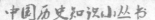

训练。这是提高士兵作战能力的有效手段。平时若无战事，则就地进行操练骑马射箭、格杀搏斗，以及队列，谓之"站队"。每天天亮开始，至晚方收，习以为常。战士们穿的是特制的绵甲，其申用绵、帛缝纫至数十层、上百层，又轻又厚，矢镞、铅丸皆不易穿透。

攻城。在明代冷兵器时代，部队作战主要是步兵和骑兵，作战使用的武器是刀戈矛戟剑弓矢等。构筑城墙仍是防御的主要措施。城墙的高度和厚度因地而异。城墙的结构多是按照就地取材的原则，有夯土墙、砖墙、石墙、三合土墙等，而且不断地增修。攻城就是用各种手段和方法破坏和撞击城门与城墙防御设施，或借助各种工具攀登或越过城墙进入城内。李自成农民军在战争实践中，创造出一整套行之有效的攻城方法。

穴城法，又称掘城法，就是在城墙上或城墙下面挖洞。挖洞办法是士兵一人先取下一块砖石，而后继之再取下另一块砖石，然后在取下砖石的地方开挖洞穴，由小到大，初仅可容1人，渐渐扩大到数人、十几人，最大的可容纳百人，并将挖出的土传运出来，在大的洞内，每隔三五步留一土柱支撑，最后，将绳子系在土柱上，让士兵将土柱拉倒，而使城墙塌陷。李自成兵临城下，多是采用此种方法。

云梯攀登是借助云梯登城。这是攻城的主要方法之一。云梯是攀登用具，云梯临时用竹木制作，就地取材。明代府州县城修筑城墙作为防御工事。因此，农民军每到一地，在攻城前，必须先制作云梯，云梯的高度大小依据城墙高度而定。开封城墙高十余丈，因此所制云梯高大，最大的一具，需要48人抬起。攻城时，先将云梯靠近城墙，而后让将士沿云梯而上，农民军克城，多是通过此种方法。

放进法，即地雷法，就是通过在城墙下挖掘地道，内填火药，放上用绸布缝合而成的引线，外括上劈开的大毛竹，引线长数十丈远，点火引爆。为了增强爆破效果，在填实火药时，往往放入石块、碎铁块与铅子等物。地雷大小不一，最大的地雷，内填火药可达上万斤之大。爆炸后，一声巨响，山崩地裂，可将城墙炸开十余丈或数十丈。李自成第二次攻打开封与攻打榆林都采用过这一方法。

三堵墙法，是李自成农民军的战术。每临阵，骑兵步兵配合，以铁骑布阵三重（前、中、后），兵团的人数，可依据兵力情况设置。大的兵团骑兵3万，步兵3万，适用于大的会战。作战时，先用骑兵冲杀，又用步兵设伏，分班迭承，左右策应。在战术上，将快速反攻与追击结合在一起。预先设立埋伏，初战骑兵佯败，诱敌深入，进入包围圈内，进行猛烈反击，步兵以长枪刀矛并举，铁骑复从两旁合围，步骑夹攻，以乱取之，全歼敌军。由于布阵三重是由三队（兵团）组成，故称为"三堵墙"。在郏县战役中，李自成打败孙传庭采用的就是这一战术。凡破一城，立投顺牌四面，命人负牌四出至各村落安抚居民。此村归顺，再负牌过别村，一日之内，能过数十村。

将领议事，集思广益。李自成先把部下主要将领召集起来，让他们充分发表议论，自己耐心听，当面不加可否，暗中采纳各种好的意见，作为命令，发布施行。命令一经下达，全军上下，必须严格服从，不得有丝毫违误。

如何满足战争供给，保证军民的生活也摆在李自成面前。他在经济方面采取的措施主要有两项：一是取消明政府的三饷加派和横征暴敛，出示安民，宣布三年不征，比原额只征一半。二是采取步骤保护和恢复农业生产。对于缺少生产资料的贫苦农民，起义军及其政府为之提供耕牛、种子，还规定了保护耕牛的政策。崇祯十六年（1643年）正月二十五日，明兵科给事中李永茂在题本中说：起义军"禁杀人，偿命；且约杀牛一只，赔马十匹"。又说，"贼以禁杀课耕，张官设吏，簧惑民心，立定根脚"。同年二月，湖广郧阳府监纪推官朱翊辩奏本中亦说："贼又给牛种，赈贫困，畜孳牲，务农桑，为久远之计"，在其占领区出现了"民皆附贼而不附兵，贼有食而兵无食"的局面。起义军还在一些地方实行屯田，除了"募民垦田"以外，义军战士还直接占据明宗室、官绅以及无主荒地进行屯种，借以解决部分军需，免除或减轻群众的负担。李永茂在题本中就说："刘、贺二贼，将南阳迤南并西北楼寨庄田俱已占完"，又说起义军"占襄阳地土耕种"。有记载说李自成打算取河南、河北牛种，在南阳、叶县一带进行屯田。

明末战乱，河南、湖北地区化农具为干戈，社会生产极度凋敝，如何既能保证军队的供给，又使农民感到"安舒"，是很不容易的事。崇祯十年（1643年）五月，明保定巡抚徐标入对时说到他的见闻："臣自江淮来，数千里见城陷处，荡然一空，即有完城，仅余四壁，蓬蒿满径，鸡犬无声，曾未遇一耕者。土地、人民，如今有几？皇上亦何以致治乎？"崇祯皇帝听了也为之"欷歔泣下"。二者相比，其差别是昭然若揭的。

襄阳政权在占领的地区分兵驻防，训练士兵，组织力量，准备对明朝统治者展开更加猛烈的进攻。

随着襄阳、荆州、承天相继失守，崇祯帝任命大学士吴甡兼兵部尚书，征剿农民军，以大理寺评事万元吉为职方郎中军前赞画。吴甡出于无奈，答应可以出来督师湖广；同时提出朝廷拨给3万兵马的请求。崇祯帝深知眼时下无兵可拨，很感为难。后经一番磋商，答应给唐通之兵7000，马科之兵2000，副总兵尤翟文所领京营之兵1000。另赐赏功银5万两，大小银牌1000面，各色蟒衣、绢、布等物，以充军前犒赏之用。而此时唐通、马科还在率领兵马与清军作战，只有等待清兵退走之后，才能集结听调。吴甡督师手下没有可以调动的兵马。一次又一次请求拨给。崇祯帝非常生气，斥责说："你迟迟不动，敌退兵集，卿独往又有什么用处呢？"但至五月，吴甡不得不辞朝以行。临行之前一天，朝廷还令宦官赐银牌给赏。可是，第二天崇祯帝变卦，召吴甡火速进宫。吴甡感到大事不妙连上两疏，请求辞官。崇祯帝也不挽留，准许致仕。不久，命锦衣卫逮捕吴甡入京，论罪遣戍金齿。

李自成在襄阳，构建宫殿、铸造新的货币，没有结果。扶鸾降仙诗说：

"自成不是真天子，马上抛抢三十旬。大位还是鸿基坐，草头一点十三春。"根据诗中提示，李自成立义子李双喜为太子，鸿基是李自成的名字。而所铸洪基钱失败，也预示着李自成的前途不妙。

等级社会里的人都在一定的社会环境中生活。人的思想及其欲望也随着地位与环境变化而变化。李自成在开始造反时，想的只是如何生存，故没有什么非分之想。他最初称闯将也不过是一军中的首领而已，后改称闯王与闯将比显然高了一个等次。崇祯十五年（1642年）攻取开封，他被推举为"奉天倡义营文武大将军"，接着，被推为"奉天倡义营文武大元帅"，出现了百川分流，同归于海的兴旺局面。除张献忠部以外，各支起义军都在听从他的号令。罗汝才仅次于李自成，被推为"代天抚民德威大将军"。在一个政府内部有两个天。一个称"奉天"，一个称"代天"，平起平坐。这只能是暂时的。另外，先前民变的首领都是自成一军，自作主张的，后来虽出现盟主，但盟主与各部的关系是松散的协同关系，而不是上下级隶属关系。而今居于文武大元帅的李自成已不满足于各部来去自由的做法，要将这种松散关系变成隶属关系，而习惯于各自为战拥有实力的起义军首领们则不赞成他这样做。这便是李自成所以要处死罗汝才、贺一龙等的症结所在。至于说在什么时间，什么地方，以及以什么理由提出，则是次要的。

罗汝才诨号曹操，是明末早期的民变首领，又是十三家领袖之一。其人以"多智而狡"著称。先后与张献忠、李自成联合作战，但不存在领导与被领导关系。此时，被推为代天抚民德威大将军，地位仅次于李自成，手下有士兵四五万，战马万余，随从不下四五十万，不想居人之下，不满于李自成的兼并做法。明政府看到他们的这种矛盾，进行反间，河南巡抚高名衡伪造一封给罗汝才的复信来制造事端，信中说："前接将军密书，已知就中云云。及打仗时又见大炮苗头向上，不伤我兵，足见真诚。一面具题，封拜当在旦夕。所约密机，河北兵马于九月初三日子夜由下口渡河，专听施行。"

送信时故意让它落到李自成手里。另外，他们还让黄州生员陈某混入义军，进行游说离间，企图以口舌使李、罗二人相互猜疑。他先对李自成说："罗汝才必为变。"李不作回答。又对罗汝才说："将军若是担心有人以恶马来易善马，可将战马身上烙字以为印记，以便识别。"罗说："好，请你替我来做这个事。"陈某故意将军中战马烙上前、后、左、右字，而先烙左字为一群。便向李自成报告说："罗营东通良玉，马匹都烙有左字。"李自成听后，以为确凿无误，遂决心除掉罗汝才。直到高名衡伪造的信件被发现，人们才知道事情的原委，李自成杀罗汝才全是误中了明朝的奸计。

贺一龙诨号革里眼，也是明末早期民变首领，是左革五营一位著名领袖。明安庐巡抚郑二阳曾说："革、左之狡横，不下于献、操，善战者不止数万。"曾与李自成协同作战。但自为一军，保持着独立性。自然也不想受制于人。李自成据有襄阳后，命他率部趋德安，以窥黄州、麻城，他到达黄陂后，遇到江水涨势，不便进行，只收取左良玉800人马返回，先去见罗汝才，李自成对此大为不满，于是存下将他与罗汝才一并除掉的念头。显然，是欲加之罪，何患无辞！

三月十日，李自成以设宴为名，请罗汝才、贺一龙到老营赴宴。罗汝才心怀疑惧，借故谢绝；贺一龙却应邀而至。席间，李自成即命埋伏在左右的士卒把贺一龙处死。次日清晨，李自成亲领精骑100余人来到曹营，说是有重要事情同罗汝才商量，进入罗汝才的卧室后即将罗杀死。接着向曹营的将士宣布罗汝才"通敌"的罪状，说明处决是迫不得已。

罗汝才、贺一龙的被杀，在起义军内部引起了很大的震动。有记载说："汝才部下初多不服，自成百计笼络，半月始定。"罗汝才的部将杨承祖、王龙等则与李自成结下了冤仇，率所部向明陕西总督孙传庭投降。明大学士蒋德璟在这年五月初三日的揭帖中说："顷见秦督孙传庭驰报曹操部将杨承祖投降一疏，内称其敢战多谋，为操骁将。操既被闯杀害，其部下哨目精兵与闯自相携贰，真天欲亡闯一机。唯加衔都司出自该督给札，似当即下兵部径以实衔与之，庶益知感奋用命。其余部混天狼及刘副将军，皆可乘机招致。自此贼势益孤，便易为力。"蒋德璟的揭帖，反映了明政府妄图利用罗、贺事件削弱义军的企图，也证明李自成军内部存在局部混乱的事实。

老回回马守应是革左五营的重要首领，也是明末农民军的重要领导人之一。在"罗、贺事件"发生时正率部向澧州（今湖南澧县）进军。李自成授予他"永辅营英武将军"的称号，颁给48两重的金印一颗。马守应推辞不受，意在保持自己的相对独立性。李自成几次调他带领部众回襄阳，马守应不想重蹈罗、贺的覆辙，把队伍拉到长江以南的松滋一带地方，与李自成保持若即若离的态度。崇祯十七年（1644年）春天，张献忠义军由湖广入川，马守应在夷陵病死，部众随张献忠入川。五营中的其他三位首领即贺锦、蔺养成、刘希尧则成了李自成的部将。

然而，事情并不到此为止。罗、贺事件发生后不久，李自成又擒杀了号称小袁营的首领袁时中。袁时中，河南滑县人，出身贫苦农民。崇祯十三年（1640年）在开州聚众起义。崇祯十四年（1641年）渡过黄河转战河南、安徽、江苏的部分地区。由于河南原先有袁老山为首的矿民起义队伍，所以人们称袁时中的部众为"小袁营"。在河南地方性农民起义中，它是发展得最快、实力最强的一支。崇祯十五年（1642年），李自成部已在各支义军中享有很高的威望，袁时中也应邀同李自成等部联合作战。三月十六日，李自成攻克陈州，下一步准备攻打太康，主动派人和袁时中联系，希望能够联合。袁时中表示同意。十日，李自成、曹操、"小袁营"合兵攻打太康。李自成攻东、西门，曹操攻南门，"小袁营"攻北门。攻克太康后，联兵又相继攻克宁陵、睢州、归德，袁时中皆为先锋，立下了战功。

战场上变化多端，各派政治力量上的消长，使得袁时中动摇于李自成、张献忠和明政府之间，明政府千方百计拉拢他，希望把他拉过去，以搅乱李自成部的后方。李自成发觉了袁时中同明政府有勾结，便派扶沟庠生刘宗文前往劝告。袁却以为自己手握重兵，李自成的主力远在湖广荆襄一带，鞭长不及马腹，奈何他不得，便把刘宗文逮捕送给明河南巡按御史苏京，借以表明心迹。接着，他又袭击李自成部游骑数百人，并将被俘义军士兵送给苏京杀害。这种极端错误的做法，激起了李自成的极大愤慨。为此，李自成派后营李过统兵进入河南讨伐袁时中，又派左营刘芳亮统兵前往颍州，以防袁时中部流向江北。自己亲率中权营经洛阳沿着大河南岸东进，直趋睢州袁时中大本营。袁时中闻讯，率部向新河南岸常岗等地转移。崇祯十六年（1643年）五月二十日，袁时中被擒处死，部众除散去一部分外，大部并入李自成农民军。

罗、贺事件与袁时中被杀，相隔只有两个多月，这两个事件，可以说属于同一类型，即农民军领导人之间的火并。随着起义军由分散走向统一，昔日的友军，要不接受改编合二为一，要不自立名号，这种权力与地位之争是导致彼此间火并残杀的根源。这种火并对于树立李自成的威望，维护新生襄阳政府的权威有着一定的作用。

这时候，摆在李自成面前最为迫切的现实问题是下一步如何行动。张献忠是拥有相当实力的一支起义队伍，与他同时在湖北境内发展，而且在攻取黄州后，宣布称王，正在扩展自己的地盘，移军武昌，建国立号。帝王思想驱使他们之间妥协让步只是暂时的，矛盾与冲突是不可避免的。为了确定自己的战略目标和行动计划，李自成在襄京主持召开最高军事会议，讨论研究这个事关全局的重大问题。襄阳政府的主要领导人都参加了会议。会上出现三种意见：一是丞相牛金星提出的先攻河北，直取北京；二是礼部侍郎杨承裕提出的东取南京、截断粮道，围困明朝政府；三是顾君恩提出的先取关中，以此为根据地，建立政权，补充兵力，然后进击山西，再取北京。围绕这三种意见，与会者展开了认真的讨论。

就先取京师方案而言，优点是可以早日推翻明王朝。所存在的问题，正如顾君恩所指出的那样，万一不胜，退无所归。时间是在崇祯十六年（1643年）夏季，经过几次中原大战，明王朝在军事上虽然连遭失败，每况愈下，但还据有河南黄河北部、山东、河北、山西、陕西以及江南大部地区，不但九边与京师均有重兵把守，而且各地也还有一定的军事力量。在这种情况下，直取京师，即使获胜，也必然陷于四面包围之中。此策失之于急的判断是中肯的。

再就东下夺取南京而言，以南京为中心的江南地区，是鱼米之乡，是明朝政府的粮源、财源之地。而且是明末农民起义风暴没有波及的地方，没有受到战乱破坏，占领南京，可截断明政府北方各省的粮道，使明朝政府陷入困境。还可将残破的北方各省留给明朝政府，使明朝政府处于与满清作战的第一线，使其内外交困，不能自拔。当然，取南京也有不足，那就是不能马上推翻明朝政权，要晚几年当皇帝。其问题是：（1）李自成的军队是由骑兵和步兵组成的，直流东下，需要水师和船只，李自成据有荆襄后开始造船，但缺乏克敌制胜的水师。（2）李自成军队的骨干是陕西人，士兵多是河南人，对江南情况不熟悉，江南民众对李自成及其军队的真实了解也少。（3）明朝在失去荆襄后加强了南京防备，三月，袁继咸总督江西、湖广、安庐军务，驻扎九江；五月，以吕大器总督江楚应皖军务，凤督马士英部下的黄得功、刘良佐皆一时之名将，均在沿江诸地驻防。这些都是李自成沿江东下的障碍。（4）由襄阳顺流东下，必经武昌，而此时武昌为张献忠所据有。这就不可避免地要与张献忠发生矛盾和冲突。（5）明政府正在策划新的军事攻势，孙传庭倾师来犯，是李自成的主要危险。如果舍此而不顾，一味地率师顺流东下，不管能否据有南京，都会陷于被动局面，已占据河南的大部地区就会因此而丧失。

再就关中北京战略来看，有有利的诸多因素，用顾君恩的话来说：先取关中，为元帅桑梓之邦，秦都百二山河，已得三分之二，建国立业，然后旁掠三边，资其兵力，攻取山西，后向京师。庶几进可以攻，退可以守。《明史》的纂修者也持有这样的看法：关中为其故乡，士马甲天下，据之可以称天下。这一主张提出的依据是：（1）关中是李自成的故乡，义军骨干多是陕西人，对于关中地理、交通、风土人情有清楚了解；（2）关中百二山河，地势险要；（3）关中士马甲天下，有重兵宿将。明政府在中原战场上与李自成五次大战，出动的都是陕西兵马。孙传庭败回关中后，仍在继续组合兵力，准备发动新的攻势；（4）取得关中，与襄京政府地域相连，可得天下三分之二，在此建国立业，进可以攻，退可以守；（5）西进关中，可以避免与张献忠的冲突。而张献忠在湖广的发展，可牵制明朝南方的军队，客观上有利于李自成的军事行动。

襄阳会议决策集思广益，而且是经过争论，最后决定采用关中北京方案。然而，这一方案的缺陷也是显而易见的。其一，当年关中地区经济残破对在此建国有不利的一面。陕西北部气候寒冷，土地贫瘠，天灾不断，是明末农民大起义的发源地，自唐末以后，就再也不是全国的政治、经济、文化中心，不适宜在这里建都作为根据地。其二，没有提出对清策略。这自然不是什么一时疏忽，应当说是一个很大的失误。李自成是争天下的决策者，最后的决定是采纳顾的方案。这个战略方案坚持取天下的基本原则，不以中原为根本，也不以襄阳为根本，而是以关中为根本，就其谋略智慧来看，无论以何处为根本，都必须有相应的举措，使根本成为名副其实的根本，而不能只是纸上谈兵的口号。以李自成为首的这个集团有帝王之志，尚乏帝王之才，因为他组建的智囊团中没有萧何、张良、刘伯温那样的人物。而张献忠与他相比，武昌政府所实施的政策与策略就更差一个层次了，他所想的不过是割据称王而已。

汝州歼灭战

李自成襄阳政府的出现与在湖广战场上的节节胜利，使崇祯帝心急如焚。他倾尽全力来挽回颓势，并且最终下定决心要让孙传庭出关决一雌雄。

清朝方面也看准了这个时机，再次聚集兵力南下，直逼临清，崇祯帝惊慌失措，四月十八日，蓟州总督赵光林合唐通、白广恩、张登科、和应荐等八总兵与清军战于密云螺山，遭到大败，张登科、和应荐战死，余皆溃走，战场上横尸遍野。二十六日，清军在葫芦峪闯开墙子路口，陆续向口外退去。清军自上年十一月入塞，至此返回，历时半年多，长驱南下，直抵山东兖州府，破3府、18州、67县，共88城，掳获大量黄金、白银、珍珠、锻匹、缎衣、皮衣等物，以及驼、马、骡、牛、驴、羊数十万头，饱掠而归。

五月三十日，张献忠攻克武昌府，占有了湖广15府中的8府。或许是受李自成在襄阳建立政权的影响，也在武昌建立自己的政府，自称西王，改武昌府为天波府，张献忠居于楚王府，在门前竖起两面大旗，上书"天与人归，招贤纳士"，在九门城上，亦竖起两面大旗，上书"天下安静，威震八方"。这样，在江汉一区，二王并峙。

李自成对革里眼、左金玉、罗汝才与袁时中的诛杀，使张献忠感到恐惧。三月，李自成兵临汉阳，不克。后得知张献忠取汉阳，大怒。榜示远近："有能擒献忠以献者，赏千金。"及闻张献忠攻克武昌，派人前去以祝贺为名而行威胁之实，贺词中居然说"老回回已降，曹、革、左皆死，行将轮到你了。"好在张献忠主动退让一步，尚能委曲求全，卑词以答，多赍金宝给李自成。自成拘留来使，献忠十分恼火。为了避免同李自成发生冲突，张献忠断然决策迅速离开武昌南下。一个向北，一个向南，这样兵不相接，彼此间的摩擦也就自然减少了。

六月初七日，明朝任命孙传庭为兵部尚书，改称督师，总制应天、凤阳、安庆、河南、湖广、四川、贵州军务，仍总制陕西省三边，兼理粮饷，赐上方宝剑。五日，又发出通告，申明有能擒斩李自成者赏万金，世袭侯爵；擒斩张献忠者官一品，世袭锦衣卫指挥，赏5千金。

孙传庭在柿园之役中战败逃回，扼守潼关，企图以关中为根据地，重新组织力量，再与李自成较量。他强令富家出饷，穷家出丁，开屯田，积粮草，训练士卒，修缮器械，准备卷土重来。他新造火车两万辆，组建火车营，作为看家本钱。关中一些有钱有势的乡绅不愿出粮出饷，就想方设法把他撵走，故意在京师散布流言，说孙玩寇靡饷，又用言语恐吓说："督师再不出关，朝廷就要派人来捉拿了！"陕西巡抚冯师孔也一再催促说："顿兵久安，不合朝廷命战之意，而且寇日强横，如此下去，怎生得了！"孙气愤不下，回敬说："出师有期，当图万全以报朝廷，用不着中丞多虑！"

其实，孙传庭心中明白，屡经败阵的手下将领，哪是李自成的对手！迫于各方面的压力，他只好上疏请求皇上明示出关日期。

八月一日，临危受命的孙传庭在西安关羽庙举行誓师大会。他的总体部署是：以总兵牛成虎、副将卢光祖为前锋，以辽蓟总兵白广恩、总兵高杰为中军，以延绥总兵王定与宁夏总兵官抚民为赴潼关后劲，又命令河南总兵卜从善、陈永福合兵趋洛阳下池寨，让四川总兵秦翼明从巡抚冯孔出商洛为犄角，让总兵左良玉从九江北上进逼汝宁。计划以洛阳为基地，修复城堞，开屯田，储粮草，待机夺取中原。会后，诸路兵马开始行动，直逼河南。初四日，孙传庭带着满腔无奈自西安出发东进，经潼关，到达河南阌乡（河南灵宝西）。

李自成清醒地认识到这场决战的严重性。他决定立即率领主力离开邓州北上，并且调集荆州、襄阳的部队，会师洛阳。又命正在登封玉寨围攻李际遇的李过，撤围前来会合。他的部署是：老营驻扎唐县，主力驻屯襄城、郏县，步营沿黄河列守。河南巡抚、巡按害怕大军过河，飞调陈永福回河北。孙传庭以为荥泽只是小股零贼，卜从善尚逗留河北，防守河岸足够有余，传令陈永福勿往河北，急趋洛阳。

十二日，孙传庭的部将牛成虎已自渑池引兵到达洛阳。陈永福诡称奉抚、按檄调，按兵不动。孙传庭大怒，请求对不服从命令的卜从善、陈永福，严加惩处。有旨，削去二人总兵衔，降为副将，戴罪立功自赎。

战争一开始，李自成决定先让一步，派出一支小部队，前往阌乡迎敌，且战且退，诱敌远离潼关天险入据河南中部，官军来到磁涧，农民军已由磁涧拔营往洛阳南的龙门，官军追至龙门，农民军又拔营趋汝州，仅留少数哨骑于伊河之西。孙传庭到达龙门后就在此安营扎寨，遣兵5000人前往汝州，农民军放弃汝州，奔往宝丰（李自成更名宝州）。孙传庭暗自欣喜，以为贼旦夕可灭，命令部队乘胜追击。

九月八日，孙传庭率主力抵达汝州长阜镇。这时，李自成的部将都尉李养纯叛变投敌，出卖了农民军的战斗部署。孙从这个叛徒口中得到农民军的部署后，立即派兵，从瓷山间道袭击唐县李自成军的老营，自率主力攻取宝丰。农民军在此严密布防，守兵甚多。十一日，李自成率兵增援，与白广恩、高杰、卢光祖战于城东。官军毁掉城东北隅桥，尽泄护城河水，令军士负土填平城濠。十二日，发起攻击，炮火猛烈，李自成的果毅将军谢军友战死。这天夜里，宝丰失陷，州牧陈可新、州判姜鲤、郏县令周英等战死，数千名士兵和居民被官军屠杀；随即唐县亦为官军攻陷，老营辎重尽失，家属妇女、儿童惨遭屠戮。消息传来，农民军满营皆哭。连日大雨，道路泥泞不堪，官军粮车每日只行30里，粮饷接济不上，士马陷入饥饿中，军心恐慌。有人劝孙还兵就粮。孙无可奈何道："军队已行进到此，即使还师亦无法避免饥饿，不如拼死破取郏县就食。"

十三日，官军到达郏县。农民军立营于城西。明总兵陈永福龟缩在城西南，孙传庭进驻汝州。两军鏖战。李自成自将步骑万余发起冲击。战斗异常激烈，农民军也有不小伤亡，急忙北撤，李自成本人差一点被俘。

孙传庭陶醉于胜利之中，竟将农民军有组织、有计划的战略退却，当作是自己胜利的资本，在写给崇祯帝的报告中公然声称：这次进兵河南，农民军"闻臣名，即惊溃，誓肃清豫、楚，不以一贼，遗君父忧"。崇祯帝得报欣喜若狂，将这份报捷疏交大臣传阅，大叫："贼之灭亡就在旦夕。"事实上，此时的孙传庭及其所部明军已陷落在农民军的包围之中。

这时，混进襄阳政权窃取了兵政府侍郎职务的邱之陶，认为时机成熟，破门而出，与孙传庭取得联系，充当内应。邱之陶是明礼部侍郎兼东阁大学士邱瑜的儿子。李自成克宜城，邱瑜服毒自杀，之陶为李自成军俘获，因急需用人，便用为兵政府侍郎，驻守襄阳。此时得知孙传庭率部东来，主动写信封在蜡丸里，派人送给孙传庭。相约先由他编造谎言，说左良玉从东面进攻襄阳，后方形势危急，以动摇军心民心，使其回师救援。督师从后面追击，他从中为内应，可将义军一举歼灭。孙传庭收到这一密信，立即转报朝廷，同时亲自写信给邱之陶，约定以举火为号，并将回信送还给邱之陶。他们没有料到，这封回信，途中被义军巡逻战士截获，李自成看后，将原信交给原送信人，送给邱；暗中派人严密监视邱的行动。孙传庭按照约定发兵，邱点火内应，并向李自成奏报左良玉大兵已到。李自成果断地将他逮捕，开始还不真心杀他，怀疑是否真的如此，当面质问邱为什么这样做时，邱破口

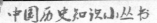

大骂，说是为了报父亲之仇，"今天事情败露，是天亡我也。我为厉鬼也要杀你。"李自成当即将他处死。从而，清除了隐患，纯洁了义军队伍，增强了内部的团结。

战斗持续进行。在郏县、汝州李自成动员组织部队构筑小土城20余座，深沟高垒，布阵五重，由外及内，最外一层为参战不久的新兵，次为久经战阵的步兵，再为精骑兵，再为决胜骁骑，最内为老营家口。骁骑阵列右、左、前三线，名三堵墙，即第四重，各7200人，分别高举红、白、黑色战旗；同时让刘宗敏率领一支由万人组成的精锐部队，绕道沿嵩山背面袭击白沙。白沙是当时由洛阳通往汝州交通干线上的必经要地。在当地民众支持下，农民军出敌不意，夺取了白沙，断绝了明军粮运的通道。明军从陕西来到河南中部，长途跋涉，粮饷本来就不能保证供给，士兵饥疲，士气沮丧，一听说白沙被农民军攻占，十七日，汝州出现明军哗变。孙传庭心如火燎，急忙分兵三路，让陈永福留守，自己索性带着白广恩和高杰，分别一从大路，一从小路，回师洛阳，筹运粮饷。本来明军的阵势已经混乱。孙传庭这么一走，明军也就乱了起来，纷纷逃散。陈永福三令五申，予以制止，也无济于事。后来采取杀一儆百的办法来压服，结果，压而不服，不仅不能制止士兵的逃跑，反而逃跑的士兵越来越多。

时大雨不止，一下就是七天七夜。明军无粮，饥疲沮丧，毫无斗志，装有火器的战车在雨天泥泞中派不上用场，这就为农民军的总反击，造成了极为有利的时机。汝州、郏县是农民军的占领区，农民军早已做好了歼敌的充分准备，这里的民众也以积极的态度支援农民军。这些都有利于农民军而不利于孙传庭。

二十二日，李自成命令部队展开攻势。明军以炮火优势进行出击，连续突破了三重防线，靠近第四重防线。集结在汝州、郏县、襄城的数十万农民军，一跃而起，旌旗如林，人如潮涌，步兵骑兵互相配合，杀向孙传庭的营垒。孙传庭最害怕农民军的就是这种"三堵墙"战法。现在，"三堵墙"正出现在他的面前，使他愈加惊慌。加上天在不停地下着大雨，明军的战车陷于泥泞中。"火车营"的头目白广恩看到农民军逼近自己的营垒，仓皇失措，急忙率部撤退。那些随车的士兵，都是不久前被胁迫来的农民，痛恨明王朝，不愿作战。他们一见白广恩败逃，就大叫：我们打败了，我们打败了，一面呼喊，一面争着逃跑。溃散的明军，像被猛虎冲散的羊群，东藏西躲，南逃北走。两万辆战车，停放在路上和漫野，挡住了退路，拉车的骡马，拴在车辕上，跑也跑不掉，有的被压在车轮下，有的被翻倒的火车压在泥泞中。农民军斗志昂扬，骑兵奋勇追击，步兵手持大棒，朝着敌军的头上猛打，明军无处躲身，一个个脑浆四溅，血肉横飞，乱糟糟地倒在战场上，掉进泥滩中，死者达数千人之多。高杰眼看大势已去，赶忙挥众西窜，疲于奔命。农民军跟踪追杀，不给溃敌喘息机会，一昼夜追击400里，到达孟津，明军全部就歼，"死亡四万余人，尽丧其军资器仗"。由孙传庭苦心经营的王牌火车营就这样全部被歼。

明军主帅孙传庭，眼看全军覆没，畏罪自杀未遂，被亲随残兵拥入潼关。在郑县的陈永福，陷于农民军的重围之中，也被杀得丢下辎重，只顾逃命。

汝州战役，是李自成农民军打垮明朝主力军的一次决定性的大会战。这次决战的胜利，作为明王朝的重要支柱和逞凶一时的孙传庭，全军倾覆，他本人落荒而逃。有评论家说："孙传庭溃于汝州，而明遂不支。"还说：如果孙传庭这次不败，"明之亡，未必如其速也"。这些评论，足以表明汝州歼灭战在当时所产生的深刻影响！

定鼎长安，建国大顺

汝州战役，明军惨败，孙传庭狼狈逃回潼关。崇祯帝闻报，对孙大加申斥，并削去了他督师尚书职衔，同时寄予厚望，责令他固守潼关，妄图借助潼关天险挽救败局。

李自成紧紧抓住战机，命令李过率兵直追孙传庭，他与刘宗敏、贺锦等率部10万由洛阳出发直逼潼关；另以袁宗第、刘体纯率部10万为偏师，由河南邓州出发，取道商洛，逼近西安，与主力会师。并且命令部队广集铁工，赶制攀越山岭用的铁钩钉数万具。十月初二日，李过的部队带着铁钩钉，走小道，沿山崖，迅速抵达潼关。

孙传庭本想收集散兵败将，重整旗鼓，继续进行新的较量，然而，还没有等他布阵就绪，李自成的大军已经到达关前。此时此刻，他为仇恨和恐惧所驱使，亲临前线督战，命白广恩扎营于通洛川，高杰扎营于南门外西山头，固守阵地，阻止农民军的进逼。无奈，军心离散，将兵多不听命。

初六日，两军开战。刘宗敏等在关前埋伏重兵，诱使孙传庭进入埋伏。孙传庭率兵出击，陷入埋伏后，拼命突围，从骑俱散，徒步前冲，在混战中被杀于阵前，连尸首都找不见，终究也未能得到崇祯帝的加谥和追封。高杰听见关后隆隆炮声，以为潼关已破，惊骇奔逃。溃散的官军，亡命西奔。因急于入城，就用刀劈开南水关栅栏。始料不及的是，义军也竟然尾随而行，轻而易举地夺取了潼关。明将高杰奔逃延安，白广恩逃向固原，陈永福逃向秦州，高砺逃向汉中。

孙传庭死后，朝廷命余应桂以兵部右侍郎兼左副都御史总督陕西三边军务。应桂以无兵无饷求见，痛哭流涕，陈述其难。崇祯帝左右为难，最后答应拨给他京军千人护送以行。应桂不敢不行，但启行之后，见到处都是农民军，遂逡巡不前。

农民军结队入关，长驱西行，李过率部快速行进，4日之内，连破华阴、华州、渭南、临潼诸州县，关中大震。临潼距西安仅60里，不过半日路程。陕西巡抚冯师孔原在商雒，闻警，急忙赶往西安。西安守兵不多，只有5000人，还不能保证粮饷供给，加上天气严寒，尚无冬装。有人劝秦王朱存枢向士兵每人发棉衣一件，秦王不肯花这点钱。士兵心怀不满，无心恋战。十一日，农民军到达西安城下。守将王根子自知难以固守便举兵投降。用箭将投降书射于城下，打开东门迎接义军进城。陕西巡抚冯师孔、按察使黄炯、指挥使崔而达等相继被俘杀，左布政使陆之祺投降。长安县知县吴从义等投井死。秦王朱存枢被俘，富甲天下的数百万资产，尽归农民军所有。由于李自成有在此建国立业的打算，所以在入据西安后，严

李自成纪念馆

令禁止杀戮，注意安抚百姓，望其各安生理，毋庸惊恐。

十五日，袁宗第率师攻取商州、雒南，十七日，与李自成主力会师于西安。遂即命令部队继续乘胜进军。

在这前后，另有一小支先遣部队攻占了郃阳县，还分出塘马100余骑，往北开到韩城县芝肛镇（今芝川镇），当地百姓预备猪羊犒劳，积极支援农民军，农民军贴出安民布告说：

"为抚安万民事：芝肛官民人等尽已顺矣，骡马献矣，此后人马不许进城！为此特示。癸未年芝肛镇张挂。"附近州县皆闻风响应，主动迎接。

张国绅原为明储道参政，在西安为农民军俘获。其人权欲熏心，在官场上练就了投机钻营的本领，善于当面逢迎，李自成召见他时，劝李自成早即大位，并将自己的同年好友太仆寺少卿文翔凤的继室邓夫人献给李自成，希图借此获宠，达到谋取新朝宰相要职的目的，激起李自成的恼怒，痛斥他卑鄙下流，出卖朋友，果断决定将他处死。邓夫人是个很有才学的人，通晓历史，会写诗，年前因丈夫去世，寡居三原，身世凄凉。李自成非常同情她，尊重她，特在新顺王府中设立东庭，请她做将士家属的女教师。从此邓夫人就住在西安，直到农民军失败才离开。

十月末，李自成留田斌守西安，亲自率兵北上，攻取"三边"。明在西北设立"九边"，陕西有延绥、宁夏、甘肃三镇，又称"三边"。延绥镇下属四卫：庆阳、延安、绥德、榆林。延绥镇治旧在绥德，成化间迁至榆林。宁夏镇所设在今银川，甘肃镇所设在今兰州。

十一月初四日，李自成抵达延安，诸将在此会集，他带着戎马万匹，旌旗数十里，回到故乡米脂。这是他起事以来第二次重返故乡。第一次是在崇祯九年（1636年）五月。崇祯十五年（1642年），陕西巡抚汪乔年让边大绥带人挖了他的祖茔。这次回来，要亲自看个究竟。他让人按照先前的地脉形势，恢复原来样子，将祖墓修整一新，还找到几位族人，赠以钱物，并授给他们官职，嘱咐他们做好保护与经常祭扫。墓地竣工后，举行隆重的祭祖庆典，由大顺礼政府侍郎姜学易致祭。他还让侄子李过负责在县城北龙盘山修建了行宫，主要建筑有乐楼、八卦亭、捧圣楼、玉皇阁、正殿（启祥殿）、后殿（兆庆殿）。随后返回延安。传令改延安府为天保府，米脂县为天保县，清涧县为天波县，以表明自己是真龙天子。

榆林地临河套，朔北紧关，边陲要路，负山阻河，为明代的军事重镇。这里集中有一批素有作战经验的良将和精兵。有记载说：诸将之在秦者，皆集于榆林。在李自成据有西安后，参将刘廷杰曾说：李自成虽有西安，三边尚为国守。吾榆林天下劲兵处。一战必夺其气，然后约宁夏、固原为三师以迭进，贼可破也。因此，李自成十分重视榆林的攻取，决定采取劝降与武力攻取两种策略，一方面发银5万两，亲笔书写信一封，派遣辩士舒君睿、将官黄色俊等前往榆林做劝降工作；同时命李过、刘芳亮等率领7万大军前往，先礼后兵，若说降不成，就用武力解决。

延绥巡抚崔源之两月前罢官离任，继任的张凤翼尚未到达。总兵官王定听说李自成率部到来，谎称河套地区有变，率数十骑以去。守候在这里的是右布政使兼兵备副使都任，誓死固守，命令所属官兵尽入镇内，同时邀集退居镇内的原任总兵王世显、侯世禄、侯拱极、尤世威、尤世禄、王世钦、王世国，副将惠显、潘立勋、尤翟文等，共谋策略。他当众表示：我都任世受国恩，必以死报效，若有异议者斩。言词激昂慷慨。又激励将士道："你们愿守？愿降？"众将士齐声回答效死无二。于是诸将共同推举尤世威为首，主持号令，统一部署。

舒君睿按照李自成的嘱咐，在城下耐心劝说，3日无结果。尤世威毁其招降牌，斩杀使者，表达了拼死的决心。李自成大怒。十五日，命令大军发起进攻。榆林城三面傍山，一面临河，城北有5处护城墩栅，可相互声援，从这面进攻不容易，东、南两面山阜参差，有祠、庙、林木好隐蔽，尤其是

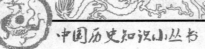

海潮寺，逼临城下，可从寺中挖地道穿城。李过指挥士兵奋勇环攻，炮火猛烈。城上发射强弩、巨炮，几次开城出战，杀死杀伤义军多人。攻守持续13个昼夜，矢石、炮火从无片刻停息，攻者勇敢，守者顽强。二十日，农民军用洞车四面穴城，东南城崩数十丈，城内起火，农民军蜂拥而入。巷战从中午到傍晚，各自矢尽刀折，尸体堆积塞道，鲜血流满通衢。农民军夺取榆林，都任举家自缢而死，惠显被缚自杀，李昌龄、尤世威、王世钦、王世国4人被俘，俱以槛车送至长安，拒不投降，被杀。侯世禄、侯拱极、潘立勋、尤世禄以及卫所各官数百人等，也都先后丧生。官军仅存千余残伤败卒，血战突围出走。城中妇女、儿童尽死于兵火中，无一存留。李自成命王良智、周士奇、张宏祚镇守榆林，高一功镇守绥德。有评论家说：明之亡，实由于此。

庆阳的攻取是在刘宗敏直接指挥下进行的。他率军5万，围城数匝。先攻西城，再攻南城，又自西城至北城，又从北城而东城，攻打多日不下。后从东城、北城穴城数十道，四日后，破城而入。兵备副使段复兴、知府董琬、乡绅太常寺少卿麻禧等同日被杀。义军到达固原，总兵白广恩打开城门投降。李自成闻知，十分高兴，特意将他召至西安，设宴款待，相谈甚欢。左光先见此，也主动前来投降。陈永福先前在防守开封时，曾射中李自成左眼，并为李留下终身残疾。此时忧心忡忡，既想投降，又怕李自成乘机报复，何去何从，犹豫不定。李自成得知后，立即让白广恩向陈转达不咎已往。白又向李转述陈的顾虑：汴城之战，永福射中王之眼睛，今战败来归，担心日后难全腰领。李自成立即回答道：他我都是各尽其责，哪有什么关系呢？并以折箭为誓，保证永不算旧账。终于打消了陈的顾虑，使陈下定决心向李自成投降。李自成的这一做法，表现出一个政治家的气度，这对于争取明朝官绅的归附有着示范作用。

同一时间，所派其他西路大军亦先后取得辉煌胜利。李自成在收取三边大局已定的情况下，回到西安。之后西进工作主要由左金王贺锦负责。

十一月，贺锦领兵向甘肃镇进发，一举攻克安定，金县开门迎降，兵锋直抵兰州。明朝甘肃总兵马爌、副将欧阳衮等人见形势危急，劝肃王朱识铉西奔甘州（今甘肃张掖），征兵固守。朱识铉驽马恋栈，没有采纳这个意见。马爌等人便自行逃往甘州。二十一日，贺锦率部到达兰州，兰州人开城迎入。肃王朱识铉仓皇逃出城外，被明朝卸任总兵杨麒派人擒获，当作自己投诚义军的见面礼。贺锦斥责他卖主以牟取富贵，既不忠于明王朝，也不是真心投顺起义军，处死了肃王，并将杨麒父子一并斩首。

贺锦留下党守素镇守兰州，自己统兵继续西进。凉州（今甘肃武威）、庄浪二卫先后投降，义军逼进甘州。甘肃巡抚林日瑞、总兵马爌等人组织顽抗。十二月，义军踏冰过河，直抵城下。当时大雪纷飞，积雪深盈丈，被驱迫上城防守的官军士卒手脚皲裂，甚至冻掉手指，都有怨言。义军战士却意气风发，利用积雪堆作登城的阶梯，积极准备攻城。二十七日，城内守军引农民军上城，从而胜利夺取了甘州。林日瑞、马爌拒不投降都被处死。占领甘州之后，由辛思忠率领义军攻克肃州（今甘肃酒泉）、山丹、永昌、镇蕃等地，乘胜进入青海。贺锦在各府州县派设了官员，安抚地方，甘肃全境遂在大顺军的控制之下。此时未被攻下者，唯有西宁卫，直到崇祯十七年（1644年）二月，守将诱杀贺锦、鲁文彬，李自成派辛思忠率兵往讨，才据有了西宁卫。

宁夏镇的攻取要比事先估计得麻烦一些。这里不仅有明重兵防守，还是明庆王的封地。榆林攻战期间，李自成另派兵往攻宁夏。总兵官抚民率镇兵迎击。农民军三战三败，损失精骑数千。这种情形，引起李自成的高度关注，榆林城陷后，再次增兵，并且发布檄文，克期攻城。檄文传至城内，巡抚李虞夔和庆王朱倬确束手无策，他们聚集在庆王府经过一番磋商，最后决定向义军投降。总兵官抚民无力再战，也向义军投诚。李自成命监军道陈之龙为宁夏节度使，以投降总兵牛成虎镇守该地。

十二月底，除西宁卫外，陕西之地尽为李自成农民军所有。《明史》纂修者评述说：三边既陷，列城望风降。惟西宁卫固守不下，贼无后顾，乃长驱直入。

在对三边用兵的同时，继续发兵河南，以300精锐骑兵驻守河南陕州，并遣官将百余骑分任阌乡（今河南灵宝）、灵宝、渑池、陕州（今河南陕县）等州县地方官。大军一路大张榜示，移檄远近郡县。文告里有"杀一人如杀我父，淫一妇如淫我母"等语，这是对义军的约束，是对民众的承诺，很有吸引力。

同一时间，张献忠部农民军在湖广、江西纵横驰骋，展开了强大攻势，占领了岳州、衡州、袁州、常德府、建德府、抚州府，发出了捉拿杨嗣昌儿子杨山松的令票，宣布有捉到杨姓一人者，赏银十两，捉到其子孙兄弟者赏银千金。有力地牵制了明王朝的兵力，减轻了明王朝对李自成的压力。

崇祯十七年（1644年）正月元旦，古城西安一片欢腾。李自成在军民的拥戴下，宣布建都西安，改名自晟，国号大顺，建元永昌，以这年为永昌元年，改西安为长安，称西京。以明秦王府为宫殿。追尊先代，以李继迁为不祧

大顺帝李自成

之祖，曾祖以下皆有谥号。追尊母吕氏为太后，册封高氏为皇后，陈氏为贵妃。

建立官制。中央改内阁为天佑殿，设大学士平章军国政事，以牛金星为之；宋献策为军师。中央行政机构设六政府，以尚书侍郎为长官。置尚书一人，侍郎二人。改翰林院为弘文馆，六科为谏议大夫，御史为直指使，尚宝寺为尚契司，太仆寺为验马寺，通政司为知政使。六政府的主要官员：吏政府，宋企郊；户政府，杨建烈；礼政府，巩焴；兵政府，张璘然；刑政府，陆之祺；工政府，李振声。

地方省一级设节度使，相当于明代的巡抚。又仿照明朝巡按御使的制度，在各省加派巡按直指使，代表中央行使监督之责。其他道、府、州、县设防御使、府尹、州牧、县令等官与襄阳时期相同。在任命官职时颁发新印，有符、契、信、记四种，券、章尚无实物可资证明。健全军制，定五营的名称为中吉、左辅、右翼、前锋、后劲；五营旗纛前营为黑色、后营为黄色、左营为白色、右营为红色、中营为青色。武官军职虽仍设权将军、制将军、果毅将军、威武将军、都尉、掌旅、部总、哨总等官，但在级别上似乎重新作了厘定，如在襄阳时期五营的主将授予制将军称号，这时改授予相当于明朝总兵级别的将领，其他军职大概也作了相应的调整。

实行五等爵制。权将军、制将军封侯；果毅将军及以下封伯、子、男。其可查考者如：汝侯刘宗敏、泽侯田见秀、蕲侯谷英、亳侯李锦（李过）、磁侯刘芳亮、义侯张鼐（李双喜）、绵侯袁宗第、淮侯刘国昌、岳侯某；光山伯刘体纯、太平伯吴汝义、巫山伯马世耀、武阳伯李友（李佑）、平南伯刘忠、文水伯陈永福、桃园伯白广恩、确山伯王良智、京山伯陈荩、鄢陵伯刘某；子30人，宁陵子田虎等；男55人，临朐男高一功等。

开科取士搜罗人才。考试由大顺礼政府主持。由宁绍先充考官，实行闭卷笔试，试题为《定鼎长安赋》，拔扶风举人张文熙考取第一名，中试者授以府、州、县官。

颁布避李自成和他父、祖名讳的规定。由于李自成祖父名海、父名守忠，他名自成：故在大顺及其辖区一切文书中避海、玉、光、明、印、受、自、务、忠、成等十字，不许用。

对官绅富民实行追赃助饷。早在崇祯十四年（1641年）正月，李自成起义军在河南就实行在所到之地"贪官污吏豪强富室籍其家以赏军"的政策，崇祯十六年（1643年）十月，在西安颁布掠金令："九卿五万，中丞三万，监司两万，州县长吏半之。"确定了官吏按品级征取的基本原则。进入山西后，所到之地，拷掠官室助饷。"系诸郡王宗室及乡士大夫，非刑拷掠，大索金银，动以千万计，名为捐助。下至田乘吏卒，无一得免者。"

编制赋税政策。从崇祯十三年（1640年）底开始，李自成提出不纳粮口号，进而提出比原额只征一半、三年不征政策，此时随着地方政府的建立，重新勘实地亩，分别荒地熟地，核实户口，编制地亩册和户口册，按照实有熟地亩数征收田赋（农业税），宣布从明年开始粮每石征银一两三钱，今冬每石折草6000斤，各县出骡300匹，粮食1000石，并且开始征派差役来为农民军运送粮草以及修筑西安大道。从在山西、河南等地实施情况看，其征收数额基本上是比照原额减半。也有地方按每地一亩，征银五分的。商税也开始征收。上述各项税收政策的制定与实施，表明大顺政府正在建立稳定的税收以保证战争供给与政府支出。

平抑物价，发行新币。这是落实平买平卖、公平交易经济主张的措施。先前在襄阳曾经铸造新币，未能成功。大顺政府建立后，立即着手解决这个问题。在长安，努力整顿市场秩序，平抑物价，铸造并发行新币名永昌钱，分为三种：大钱，每个值白银一两，次当十，当五。这些铜钱，既重且大，质量大大超过明朝发行的劣质铜钱。对于安定人民生活和城乡社会秩序有着一定的积极作用。

　　鉴于明王朝尚存，战争仍在继续，李自成决定向北京进军，推翻明王朝。十二月，李自成派李友、白鸠鹤率先头部队，于十八日渡过黄河，攻克蒲州，占领平阳，杀明宗室300余人，以倡义提营首总将军的名义，向山西发布了一道檄文：

　　　　倡义提营首总将军为奉命征讨事。自古帝王废兴，兆于民心。嗟尔明朝，大数已终。

　　　　严刑重敛，民不堪命。诞我圣主，体仁好生，义旗一举，海宇归心。渡河南而削平豫楚，入关西而席卷三秦。安官抚民，设将防边，大业已定。止有晋燕，久困汤火，不忍坐视。特遣本首于本月二十日，自长安领大兵五十万，分路进征为前锋。我主亲提兵百万于后。所过丝毫无犯。为先牌谕文武官等，刻时度势，献城纳印，早图爵禄。如执迷相拒，许尔绅民缚献、不惟倍赏，且保各处生灵。如官兵共抗，兵至城破，玉石不分，悔之何及？

　　此时的李自成，为自己拥有关中，遥控河南而感到相当满足，他没有独霸天下的用心，也没有那个胆识，他想与崇祯帝平分天下。这从他后来兵临北京城下，城破在望之际，派出代表与崇祯谈判内容可以得到证实。他给出的谈判筹码，足以表明李自成及其手下没有真正具有长远战略眼光和治理国家（地方）之才，他们只是在破坏旧政权上打主意，而不会在建设新政权上进行谋划。他的总设计师牛金星只是一意怂恿他赶紧攻入京城做名副其实的皇帝，似乎一占有北京，坐上龙椅，就可心想事成，一了百了。

夺取北京，推翻明王朝

崇 祯十七年（1644年）正月，在西安就位大顺王的李自成为新的抉
择而思索。他似乎认识到建立政府的重要性，并使大顺新政府尽
快地走上治民理民的轨道。但他们不了解国内大势的发展及其趋势，急于推
翻明王朝的心态，模糊了他们的视线，促使他们作出尽快攻打北京的决策。
李自成让权将军田见秀留守西安，他的妻子高氏与大顺新政府中一些要员也
留了下来。而他与刘宗敏则率领大顺主力东征向北京进发。东征分为两路。
一路是由他和刘宗敏统率，一路由刘芳亮统率。初八日，他和刘宗敏统率
马、步数十万，从禹门渡河进入山西。牛金星、顾君恩、宋献策、宋企郊、
巩焴、陆之棋、张璘然、喻上猷、李振声、杨王休等文臣、谋士随行。由于
占领区扩大急于用人的需求，十三日，在潞安、平阳举行考试录用人才。平
阳的考试工作由宋企郊主持。录取陈奇，年34岁，贾士俊，年26岁，孙澄，
年24岁，范隽，年34岁，俱平阳府蒲州生员；尚国隽，年20岁，山西洪洞县
生员；许承荫，年28岁，赵城生员。这些人先后被派往各地任职。贾士俊为
商丘县令，孙澄为鹿邑县令，范隽为考城县令，尚国隽为夏邑县令。

　　京师得到平阳再破消息是在十二月二十八日，举朝上下大为震惊。崇祯
帝的心情十分沉重。面对节节失败的战局，他发出无可奈何的叹息："朕不
是亡国之君，但事事都呈亡国之象。"但他还在为挽救败局而努力，想亲自

督师，与李自成决一死战。崇祯十七年（1644年）正月三日，他在德政殿召见左中允李明睿，询问对付农民军的策略。李明睿提出唯一的办法是南迁。他感到关系重大，没有表态，他在继续观察形势变化。

就在这天，李自成发出的请求兵部约战的战表送达御前，上面写道：三月十日至，署用大顺永昌年号。经过仔细讯问，才知道送牒人是京师籍人，从涿州回老家，投宿在某旅店，遇一旅客说是山西巡抚的文移，误期当斩，因病情严重，不能复命，付给十金请代为投递。兵部怀疑此牒是伪造的，将其人当作侦探予以处斩。但农民军日益逼进，使得崇祯帝惶惶不可终日。他刚刚作出起用张缙彦为兵部尚书的决定。随即传来平阳失守的消息，正在为无人御敌而犯愁。忽然大学士李建泰的一份上疏呈进。说："臣是山西人，颇知贼中事，愿以家财佐军，倡率乡里，可集十万之众，无需朝廷费一卒之饷。臣请圣上准允统兵以行。"这一奏疏给崇祯帝增添了希望之光。他立即批准了这一请求，并为李的出师饯行。二十六日，饯行仪式隆重举行。临行前，崇祯帝亲授节剑，自午门至正阳门，旗幡十余万，鼓吹不断。朝中大臣内阁大学士陈演、魏藻德、方岳贡以及六部尚书等在京主要文武官员都应邀到会。楼上，列席19桌，文官在东，武官在西，御席居中向南，五府掌印侯、伯、内阁、六部、都察院掌印官及京营总协侍坐。开宴时，乐队奏起欢快的声乐，崇祯帝亲自酌酒3杯，赐给李建泰，口谕道："先生此去，如朕亲行，凡事可便宜而行，先发后闻。"李建泰感激涕零，顿首谢恩。崇祯帝还赐予金杯留作纪念。席散，崇祯帝凭栏含泪目送，见李建泰去远，始命返驾。这天，天气很坏，狂风大作，沙土扑面，尘埃涨天，所有送行的文武百官颇有不祥之感。

李建泰刚出京城，就传来了山西烽火甚急，家乡已为农民军所破的消息，沸腾的心顿时凉了下来。他有意迟延时间，以每天行进30里的速度，来到涿州，营卒已有3000人逃跑；行至广宗县，部下兵丁抢掠民财，引起当地

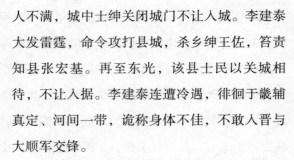

人不满，城中士绅关闭城门不让入城。李建泰大发雷霆，命令攻打县城，杀乡绅王佐，笞责知县张宏基。再至东光，该县士民以关城相待，不让入据。李建泰连遭冷遇，徘徊于畿辅真定、河间一带，诡称身体不佳，不敢入晋与大顺军交锋。

由刘芳亮率领的部队，在山西蒲坂渡河，沿黄河北岸行进，入豫北，不到一个月，相继攻占了怀庆（今河南沁阳）、卫辉、彰德（今河南安阳）三府及其所属的十七州县的大片土地。再向北京方向推进，沿途所至城镇纷纷迎降。

大约在这时候，在东北沈阳的清政府却得到了有关李自成占据陕西的信息。新即位的顺治皇帝以国书形式，致书农民军。由于不知道李自成的尊号，便以诸帅相称。这份国书写于顺治元年（1644年）正月二十六日，派迟起龙等人送达。书中写道：

"大清国皇帝致书于西据明地之诸帅，朕与公等山河隔远，但闻战胜攻取之名，不能悉知称号，故书中不及，幸毋以此为介意也。兹者致书，欲与诸公协谋同力，并取中原。倘混一区宇，富贵共之矣。不知尊意何如耳。惟速致书，倾怀以告，是至诚至愿也。"

迟起龙取道蒙古部落地区，由北向南。于

顺治皇帝

三月三日，到达榆林，将国书交给了大顺守将王尚智。这时，李自成已在大同，正向京师挺进。王尚智是否将此信转交给了李自成，不得而知，但没有得到回复。

大顺军迅速向京师推进。二月一日平旦，崇祯帝照例视朝，从宫外传进战书一封，末云："限三月十五日至顺天会同馆，缴！"举朝文武，莫不惊骇失色，不敢究问，匆匆朝罢而散。

初二日，大顺军攻克汾州府，知府侯君昭、汾阳知县刘必达被杀。河曲县胥吏奋起夺印送款向义军投诚。静乐士民焚香结队远迎农民军的到来。

山西巡抚蔡懋德由平阳退守太原，为巡按御史汪宗友纠劾，说他不待春融冰泮，遽尔在平阳返师，致使"余郡皆失"。朝廷降旨蔡懋德解任听勘，以郭景昌代山西巡抚。郭景昌至固关，闻农民军破州克郡，逗留不进，三边总督余应桂亦返回河上，观察形势。李自成遣人持牌至城下招降。蔡懋德击碎招降牌，擒斩劝降来使。

五日，李自成亲临太原城下指挥攻城。蔡懋德遣标下骁将朱孔训、牛勇迎击，朱中炮身受重伤，牛当即战死，军士皆没。初七日，狂风大作，拔树揭瓦，至夜更甚，势若轰雷，彻夜不停。义军乘势发起猛烈进攻，并将云梯靠近城墙。率先夺取了南关。大南门守将张雄弃城出逃，吩咐同党放火烧楼。东南城上一堞楼内贮火药数十笼，还有火堆、火箭、灰瓶、火石等物，五鼓时分，库存火药爆炸，霹雳之声，轰震全城。太原卫千户陈嘉琦及其弟陈嘉贵均为大火烧死。四城守堞兵望见城楼火起，以为城已失守，便一哄而散。初八日黎明，大顺军由南门入城。中军副总兵应时盛持矛巷战，掩护蔡懋德突围，未遂，两人退至三立祠；蔡被俘悬梁缢死，应亦缢死于蔡身旁。山西布政使赵建极，巡宁道毕拱辰，守宁道毛文炳，指挥刘秉铙、马负图、韩似雍，督粮道蔺刚中，太原知府孙康等地方官均被处死。晋王朱求桂逃出城外被追回，投降了义军。山西提学副使黎志升以及文士韩霖被俘后归附，

李自成当即予以任用，让黎主持考试。

李自成在太原停留8天，发布了著名的《永昌元年诏书》：

上帝鉴观，实惟求瘼。下民归往，只切来苏。命既靡常，情尤可见。粤稽往代，爰知得失之由。鉴往识今，每悉治忽之故。咨尔明朝，久席泰宁，浸弛纲纪。君非甚暗，孤立而炀蔽恒多；臣尽行私，比党而公忠绝少。甚至贿通宫府，朝端之威富日移；利擅宗绅，闾左之脂膏罄竭。公侯皆食肉之纨绔，而恃为腹心；宦官悉龁糠犬豚，而借其耳目。狱囚累累，士无报礼之心；征敛重重，民有偕亡之恨。肆昊天既穷乎仁爱，致兆民爰苦于灾祲。朕本起于布衣，目击憔悴之形，身切病恫瘝之痛……

这是一个富有号召力的文件，也是大顺政府向明政府发出的最后通牒。在这里，指斥明朝黑暗腐朽，申明新朝取代明朝的合理性，正告明朝审时度势，服从新朝的号令。言词恳切，极具感染力。有说出自张麟然之手笔。表达的是李自成大顺军的意愿。

这时，李自成再次根据部队进军情况，调整作战部署，命大将任继荣、马重禧率部东出固关，占领真定，由保定直趋北京。同时注意对河南、山西占领区府、州、县，派遣地方官治理。各地士民苦征输之急，纷纷乘机驱逐旧官，焚香迎接若狂。有些旧官眼看大势已去，设宴交代而去。

崇祯帝闻报，再次下罪己诏，承认自己在治国安邦中的过错，号召恢复大明一统江山，并且颁布悬赏赏格，宣称贼中有协从来归者，赦罪立功，有能擒斩李自成、张献忠者，乃予通侯之赏。这也不能不说是由衷之言，实际上，已无多大号召力。

李自成军至代州，遭到镇守山西兼代州三关总兵周遇吉的顽抗。连战十余日，农民军伤亡近万人，后李自成调集大军增援，遇吉兵少食尽，退居宁武关。

二十一日，李自成军到达宁武，通告若五日不降就将屠城。周遇吉只有

4000人，飞章告急。大名巡抚卫景瑗命姜瓖往援，姜瓖怯战，按兵不动。周遇吉率部在城内力战，以大炮守城，四面轰击，并不时派兵出击。大顺军采用穴城、炮轰、梯冲等方法，明攻暗袭，城墙屡次被炸开，守军立即用麻袋草囊装土堵实，修补完好。在反复拼搏中，大顺军四员猛将牺牲。义军误入周遇吉设下的埋伏。一时处于进退两难困境。这时，部下有人建议说："我军超过敌军百倍，用十攻一，轮番而进，攻打不停，未有不胜。"李自成接受这一建议，重新部署兵力，发起猛攻。战士有进无退。第二天，便拿下了宁武。周遇吉骑马挥兵巷战，马蹶摔下，徒步格斗，身负重伤，力竭被俘。大顺军将他缚悬在高杆上，用乱箭射死。这是李自成东进遭遇到的第一次也是唯一的一次顽强阻击。十七年来未曾停息的厮杀争斗，使他具有高度灵敏的警惕性，他在认真思索目前出现的情况。如果以后的路都是这么难走，那是很难走到北京的。他召集诸将商议，研究下一步作战方案。平常议事，他的习惯是先让众人发言，自己不作表态，到最后方拍板定夺。可是，这次却不然，他主动表态：宁武关虽破，我兵将士死伤很多，此去所经大同、阳和、宣府、居庸，皆有重兵，倘尽如宁武，怎么办？不如暂且停下来，伺机再举。有些将领也认为这一做法比较稳妥，因此决定克期班师。就在这天深夜，大同总兵姜瓖派人送来降表，李自成喜出望外，设宴款待来使。宴会刚开始，又有人来报，宣府总兵王承胤的降表也送到军前，并派出100名骑兵，前来迎接。李自成优礼答报二位总兵，拟加封爵。同时，改变计划，决策并向诸将发出继续东进的命令。

二十八日，崇祯帝再次发出天下兵马勤王的号召，传谕阁臣传五府、六部、詹翰、科道等官齐集文华殿，授之以札，让诸位充分发表有关战守事宜的意见，然后将意见汇集上交。三日后，崇祯帝问阁臣："条议如何？"阁臣答："臣等不敢言，皇上可看李邦华、李明睿、项煜等人之议。"崇祯帝取三人之议来看，三人都主张南迁，并提出要让东宫监抚南京。项煜还主张以定王镇淮安，以永主镇济宁。崇祯帝阅毕，厉声道："难道让朕做抱头鼠窜的不成？"大学士蒋德璟言道："太子监军，也是万世之计。"崇祯帝道："朕经营天下十几年，还不济于事，孩子家能作得甚事！"第二天，光时亨上疏，反对南迁，言辞尖锐。崇祯帝无可奈何。从此，有关南迁之事，朝臣中再也无人敢公开议论了。照实说，当时的崇祯帝并不是不想南迁，只是于面子上过不去。一个多月前，是他颁布"严禁倡逃"的敕谕，如今自己要弃京师而南迁，岂不自己打自己的嘴巴！他的实际想法是让朝中官员们提出，请求朝廷批准，更希望阁臣们有人牵头奏请而后行。他曾经暗中授意首辅陈演，要他"此事要先生担当一下！"但陈演怕他出尔反尔，不予表态。他心中窝火，可也说不出别的来。

宁武战役后，李自成继续北上。三月一日，大顺军到达大同。榆林总兵姜让在克城后降于大顺。守卫大同的明总兵姜瓖是姜让的弟弟。为了争取姜瓖，便派姜让前往劝降。这一做法，收到实际效果。李自成一到，总兵姜瓖、知府董复、乡绅韩霖等开门迎降。大同巡抚卫景瑗被俘。卫是陕西韩城人，居官爱惜百姓，颇为民众爱戴。被俘后，李自成诚恳地同他谈话。说：我本是米脂县一个普通百姓，今日至此，由于天命。你是个好官，你降后仍任大同巡抚。李等了三天，没有见卫的表态。便爽朗地说：你是真忠臣，我可以派人护送你回老家。卫提出快将他杀掉，李回答说：我决不会杀你。卫自己跑到海会寺自缢而死，李自成得报，送去50两银子，并派人将卫的灵柩送回韩城老家。对于姜瓖李自成则又有一番考虑。因为姜瓖在农民军攻打宁武时，曾率部增援，李自成有些恼火。此时见到姜来降，便直言不讳地质问："你身为朝廷要害镇守，为何投降？"姜没有回答。张天琳似乎有所觉察，当即对李自成说：欲定京师而首杀降者，怎么能劝人归顺呢？不如将他释放，以便招降官绅。李自成也认为这样更为合适，遂既往不咎，让、瓖兄弟二人颇受感动，表示甘愿为大顺效力。

　　李自成在大同六日，处决了代府宗室，留部将张天琳率兵戍守，亲率主力继续前进。阳和军民早已期盼农民军的到来。副总兵王世明急不可耐地偷偷地送去降表。七日，农民军一到阳和，明兵备道于重华率领士民在十里外迎接，城中百姓送牛送酒的充塞道路。

　　长期处于两难中的崇祯帝感到事态严重，三月六日，作出放弃宁远的决定，命蓟辽总督王永吉、宁远总兵吴三桂统兵入卫京师，又命蓟镇总兵唐通、山东总兵刘泽清率部勤王。

　　十日，明昌平守军缺饷，发生兵变，京师闻报，宣布戒严。这天崇祯帝匆匆发出两道上谕。一道是命内监及勋贵、科道等官分守九门，禁止百姓上城；另一道是诏封吴三桂为平西伯，左良玉为宁南伯，唐通为定西伯，黄得功为靖南伯，各给敕印，飞檄敦促王永吉、吴三桂火速率兵入卫。这是他最不愿作出的而又不得不作出的一项决策。唐通接到诏书后，立即率兵8000前来。崇祯帝十分高兴，赏给白银40两。但对他又不放心，派太监杜之秩为监军加以监视。唐通大为恼怒，拉起队伍前往居庸关。崇祯帝无可奈何。

　　宣府是明九边重镇，是北京的门户。十一日，李自成到达宣府。总兵王承胤和监军太监杜勋开南门，出城30里迎接，杜勋出城前，向巡抚朱之冯通报，劝他亦识时务，朱大骂："尔上所倚信，特遣尔，以封疆属尔。尔至即通贼，何面目见上？"杜不做声，以大笑了之。守在一尊大炮面前的朱之冯眼见李自成部队步步临近，喝令左右："为我发炮！"但左右无一人响应，朱想亲自动手发炮，周围士卒擎住了他的衣袖，朱捶胸长叹："想不到人心至此！"遂在城楼房檐自缢而亡。李自成下令将他的尸体收殓。总兵王承服当即打开城门，满城结彩或帛或布，百姓胸前贴"顺民"二字，跪迎义军入城。

　　元宵节闹花灯是北京人的习俗，不少大顺军士兵化装成看热闹的乡民，混入城中，设下埋伏。崇祯帝哪有观赏的心情！为解决军需困难，他发出谕旨命令文武各官及诸大内监自动捐银助饷，并派内侍徐高密告皇后父亲嘉定伯周奎，要他带个头，首倡输饷。周奎咨嗇哭穷，不肯出手。徐高苦苦哀求说：老皇亲，大势已去啊！这时周才勉强答应捐出1万两，崇祯帝嫌少，勒令捐助2万。他向周皇后求助，皇后资助5000两，其余要他自己筹集，他将皇后资助的5000两扣下2000，只承当增加3000两。在诸勋戚中，除太康伯张国纪捐银2万两外，其余无不称困道乏，谁也不愿多拿。位极人臣的首辅大僚陈演上月被罢官，家产甚富，此时极言清苦，极力规避。诸内官更是机关算尽，有的在门上贴出招贴，写上"此房急卖！""此宅廉售！"有的把家中古玩什物，陈列街头，摆摊求售；还有在宫墙上留言道："此处不留人，自有留人处。"真是洋相出尽，不择手段。

十五日，大顺军先头部队已到达居庸关。守关总兵唐通、镇守太监杜之秩开门迎降。

大同、宣府相继归降大顺，使得明朝的屏障尽除，无险可守。李自成命人持牌遍传远近各州县乡镇，申明大顺军的政策："知会乡村人民，不必惊慌，如我兵到，俱公平交易，断不淫污抢掠。放头铳，要正官迎接；二铳，乡官迎接；三铳百姓迎接。"这一行牌收到了立

昌平李自成塑像

竿见影的效果，京西地方官吏见大势已去，或降或逃，闻风而解体。

十六日黎明，李自成的主力部队到达昌平。这里是明朝永乐以来皇帝陵墓所在地，守城总兵李守铄不甘心投降，可也无力与义军抗击，无奈，自缢而死。待刘宗敏率部来到时，昌平守兵恭诚跪迎，齐声道："昌平守兵降。"刘宗敏告诉他们说："圣驾在后，准备接驾。"大顺军经昌平沙河至清河，一路上无人拦阻。明兵部派出的巡逻探听消息的马匹，被义军接入营中，酒肉款待，一个个归降于义军，无一人回去复命。

这天，刘宗敏再下战牌，定于十八日入城，行至幽州会同馆缴。

此前当大同告急文书送达时，崇祯帝急命太监谢文举星夜前往山海关，飞檄吴三桂入京，加封吴为平西伯。他没有想到吴三桂是个见风使舵的小人。吴看形势不妙，一面奉命即自宁远率部入关，但不火速行进，每天行进数十里，直到十六日这天，为他寄希望的吴三桂到达关上。他眼看等待无望，只有面对身旁的亲随太监大哭一场。

由刘芳亮率领的南线部队也在胜利推进。占据了晋南、豫北州县，由南向北挺进。三月十日，到达广平府（今河北永年），二十一日，进抵畿辅重镇保定，气势雄壮，浩浩荡荡，联营300里，旌旗铁甲，闪烁夺目。城守知府何复、同知邵宗玄与当地乡绅驱使军民抵抗，直到二十四日下午，还没有攻下。李自成听说后，担心克城后可能出现杀戮过多的现象，便特意发布一道赦免当地军民的敕令。刘芳亮在克城前一个时辰接到此令，马上下达军中上下，克城后不许杀戮，并在西门向士民宣读告谕。

十七日，大顺军的先头部队到达北京西直门下。李自成将临时指挥部设在沙河巩华城，任命刘宗敏为前线总指挥。

大顺军开始发起攻击。这时风云突变，狂风大作，暴雨随之而来，而攻城的农民军将士却个个精神抖擞，异常勇猛，远远望去，身穿黄色衣甲的将士如同一片片黄云，遮天蔽日，场面十分壮观。守卫北京城外的明军三大营，一触即溃。随后，起义军开始向北京城各城门展开攻势。北京城内外城堞有15.4万余个，登城守御的只有羸弱五六万人和小太监数千人。太监曹化淳、王德化饮酒作乐，襄城伯李国桢无有主张。守军向城外发放空炮。崇祯帝"仰天长号，绕殿环走，拊脑顿足，叹息通宵，大呼内外之臣误我、误我"。接着他让驸马都尉巩永固以家丁护太子南下，巩永固连忙叩头说："亲臣不准藏甲，我岂敢拥有甲丁？"说罢，两人相向而泣。

为了争取崇祯帝投降，这天午后，李自成派在宣府投降过来的太监杜勋等人进入城内同崇祯帝谈判。杜勋到城下后，由于当时守城大权掌握在太监之手，没有遇到什么阻拦就被太监曹化淳、王德化等用绳索吊到城上。杜勋说明了来意，告诉他们大顺军兵势浩大，明军根本无力抵抗，同时转达了李自成等人的意见。关于谈判的内容，有说是李自成要崇祯帝逊位，陈济生在《再生纪略》里说：谈判内容是欲中分天下。《怀陵流寇始终录》所载尤为具体：杜勋转达李自成要求是据西北一带敕命奉王，并犒赏军银百万，退守河南；受封后，愿为朝廷内遏群贼，外制辽沈，但不奉召入觐。死爱面子的崇祯帝内心充满矛盾，下不了决心。他望着魏藻德说："今事紧急，你可以决定。"魏默不作声，只是曲躬俯首。崇祯帝无奈，站起身来一再询问，魏终究不发一言，遂对杜勋说："朕即这样决定，有旨约封。"说罢，气急败坏地将御座推倒在地。显然，这是对魏的回敬。

十八日，急风骤雨，冰雹雷电交加。城内谈判没有确定的答复，刘宗敏下达攻城命令。大顺军率先攻破广宁门（今广安门）。当夜，德胜门、阜成门、宣武门、正阳门、朝阳门均被打开，起义军涌入北京内城。大顺军架飞梯攻西直、平则、德胜诸门。由少年组成的"孩儿军"攻城勇猛，守军或逃，或降。有歌谣说："孩儿军师孩儿兵，孩儿攻城管叫赢；只消出个孩儿阵，孩儿夺取北京城。"这首歌谣生动地描述了孩儿兵在攻打北京战斗中的作用。

　　下午，太监曹吉祥一拥而入。太监王廉急忙禀告崇祯帝，他忙问：李国祯所练之兵在哪？王廉告诉说：陛下哪里有兵，现在唯一的办法是速走。太监张殷劝皇上投降，被一剑刺死。

　　崇祯帝用尽了自己的全部努力，毫无结果。刚愎自用的性格使他选择自尽。在自尽之前，他让皇后周氏自缢。望着长女乐安公主，说："为何生我家？"并挥剑砍去，乐安公主举手遮挡，被砍伤右臂，昏倒在地；接着，他亲手杀死了幼女昭仁公主。他把太子朱慈烺、永王朱慈炯、定王朱慈焕叫来，要他们换上平民衣服，嘱咐道："汝今日为太子，明日为平民，在乱离中匿形迹，藏姓名，见年老者呼之以翁，年少者呼之以伯叔。万一得全，报父母仇，无忘吾今日之告诚啊！"遂让人护送他们外逃。随即，他拟出一道谕旨也是他最后一道谕旨，命成国公朱纯臣总督内外诸军，且托以东宫。这道谕旨送到内阁还未及发出，被大顺军缴获。

　　十九日临明，太监王相尧以宣武门投降，大顺军将领刘宗敏的军队浩浩荡荡开入城中。守卫正阳门的兵部尚书张缙彦、朝阳门的朱纯臣也先后开门迎降。崇祯帝得知后，亲自到前殿鸣钟召集百官，可是，钟声再响，也没有

崇祯殉国处 歪脖子树

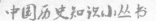

一人前来。于是，他与宦官王承恩登上煤山寿皇亭。这里曾是他检阅内操的地方，而今却成了他要去见列祖列宗之所。此时此刻，他只想早点死，早点离开这绝望的尘寰。他脱下黄袍，在衣襟上愤然写上："朕凉德藐躬，上干天咎，致逆贼直逼京师，皆诸臣误朕。朕死，无面目见祖宗，自去冠冕，以发覆面。任贼分裂，无伤百姓一人。"随后他赤足轻衣，乱发盖脸，与王承恩相对，上吊自杀。

李自成在巩华得到京师已经攻克的捷报后，前往北京。中午时分，李自成身穿淡青色箭衣，头戴毡笠，骑着一匹乌色夹杂着别种颜色的驳马，在大将刘宗敏、丞相牛金星、军师宋献策等一百余骑陪同下，由德胜门入城，从大明门进皇城，到承天门下，见承天之门牌坊，仰天大笑，弯弓搭上一支箭，顾盼自得道：我一箭射中天字，就是得了天下。一箭射出，射在天字下面。自成暗自一惊。牛金星慌忙解释说：射在天字下面，意思是中分天下。自成为之欣喜。太监王德化率领内官在大明门恭候迎接。此刻北京城内一片欢腾，有的在家门上贴上黄帖，上面写着"顺天王"，"永昌元年"，"新皇帝万万岁"；有的在门口设立香案，大书"大顺永昌皇帝万岁，万万岁"；有的人在帽子上也贴上"顺民"字样。

入京后的举措与失误

甲申年（1644年）是中国历史上异乎寻常的一年。它是明崇祯十七年、大顺永昌元年、清顺治元年，又是大西大顺元年。就是在这一年的春天，在中国大地上，以李自成建立的大顺政府，攻克北京，推翻朱明王朝的统治。人们将这一历史巨变称之为"甲申之变"。

这的确是一个历史性的巨大胜利。这一胜利使全国政治形势发生了新的巨大变化。明朝败亡了，但江南地区仍然在明朝势力控制之下；在东北崛起的清军，更是虎视眈眈。大顺军面临的形势依然十分严峻，不仅要扫清占领区明朝残余势力，而且更重要的是要与清朝进行决战。任务更加艰巨。

此时李自成与他的战友们兴高采烈，忙于号令天下，建立合乎他们理想的社会秩序。大顺军在北京期间的举措，概括起来，有以下几点：

1．发布安民告示，安定京师民心和社会秩序。入京前夕，大顺宰相牛金星就向李自成提出：入城欲定天下，必须约束士兵，不得残暴百姓，且以辞职相要挟，因此，李自成下令："敢有伤人及掠人财物妇女者杀无赦！"当大顺军大队人马开进北京时，李自成拔箭去镞，向后面的士兵连发三箭，约法"军人入城，有敢伤一人者，斩以为令"。当天，兵政府在城内遍贴安民告示，"天师临城，秋毫无犯，敢有掳掠民财者，凌迟处死。"告示中还说："如我兵到，俱公平交易。"这一政策安定了民心，第二天，商民安心照常营业。入京的士兵，在城上的亦不许擅自下城。鉴于城内已经稳定下来，为防止城内武装袭击，大顺军添设门兵，禁民出入，放马入城。大顺军在城内进行搜索，但不抄掠。义军战士俱白帽青衣，御甲负箭，衔枚贯走。百姓"有行走者，避于道旁，亦不相诘"，丝毫不加侵犯。对于军中个别违反纪律的现象，一旦发现，就毫不手软地秉公执法。当时在北京充当明给事中涂必泓记室的徐应芬（署名聋道人），在其著作中说义军中有个别人贪图便宜，暗中窃取银钱，但"至淫、夺、斩、杀之事，则犹未见也"。当时在北京的陈济生在他的撰著中记载大顺军进城后，"商民仍旧张肆。兵淫掠者有禁，民抢攘者有禁，城军下城者有禁；犯者立死，断头截体，纵横衢道，虽触目悚恻，而人情稍帖。"赵士锦也说，他亲眼看到农民军中有两个士兵抢掠前门商店中绸缎，被处死于棋盘街，并将他们的手足钉在前门左栅上。

2.追查崇祯帝下落。这是军中上下最为关注的问题。崇祯帝刚愎自用，喜怒无常，滥施淫威。面对大顺军入城，他以自缢作为最终选择。大顺军入宫后，四处搜寻而不见崇祯帝踪迹，向内官与宫女们询问，也不知去向。有个叫黎志升的说："此必藏匿于民间，非重赏严诛，必不可得。今日大事，不可忽也。"于是出牌悬赏："有能出首者赏金一万两。"这当然不是表面文章。两天之后，有个内官前来报告说在煤山一棵槐树下发现了他上吊的尸体。这时李自成忐忑不安的心才平静下来。与他同时自缢的是一名太监叫王承恩。大顺军将他和周皇后的尸体抬至东华门旁，安放在一副柳木棺材中。次日，移入施茶庵交太监看守。李自成接受明朝百官的请求，为他举行了简单的葬礼，他的尸体装入红漆棺材中，周皇后尸体装入黝漆棺材中，"加帝翼善冠、衮玉、渗金靴，后袍带亦如之"。李自成让天佑阁大学士牛金星前往致祭。仪式虽然简陋，可也表明了大顺政府的态度。四月四日，雇佣民夫打开昌平州鹿马山南田贵妃墓，将他与周皇后合葬其中。这就是十三陵中的思陵。

崇祯帝有三个儿子，即太子、永王和定王，尚在城内，被宦官们献出。太子朱慈烺见到李自成，跪下请求快点杀死他。李自成没有斩尽杀绝的打算，让人将他扶起。太子问李自成：为何不杀？李自成说，你本无罪，我为什么要杀掉你呢？太子当即向他提出三条建议：一是不可惊扰我祖宗陵墓，二是以礼葬我父母，三是不可杀我百姓。李自成也一一应允。接着，永王、定王也被搜获。李自成让人给他们换上百姓衣服，告诉他们不要害怕，并在他们的帽子上也贴上顺民二字，遂即将他们三人交刘宗敏看管。不久，宣布封太子为宋王，定王为安定公，永王也改为公。

3．接管明朝机构。明朝在京的官员有3000左右。大顺军入京时，已有千余人自杀身亡。如何处理这些人员，事关大顺政权的安危存亡。大顺吏政府发出通告："为奉旨选授官职事。照得大顺鼎新，恭承天眷，凡属臣庶，应各倾心。尔前朝在京文武官员，限次早一概报名汇察。不愿仕者听其自便。愿仕者照前擢用。如违抗不出者，大辟处置；藏匿之家，一并连坐。"随即差人到五府六部并各衙门，责令各长班俱将本官姓名开报。如有藏匿，五家邻右，一并正法。这一通告的发布和实行的措施，具有极大的震慑力。在京的明朝官员，争先恐后地前来登记，并递交个人履历。大顺政府决定对他们进行甄别录用。这一工作由武官之首的刘宗敏和文官之首的牛金星共同负责。其甄别录用的原则，三品以上的官员一般不予录用，录用的重点是四品以下的官员。

遵照大顺政权的命令，二十一日那天，原明政府的文武百官千余人，青衣小帽，先去宰相牛金星府上报名，然后入宫朝见李自成。原大学士陈演、魏藻德、成国公朱纯臣率领文武百官们行至承天门前，才发现大门紧闭，只好坐在露天等候。快到中午时，太监王德化从中左门出来，见到原明兵部尚书张缙彦，骂道：明朝江山都是你和魏阁老坏的事！张不敢争辩，眼泪夺眶而出。不一会儿，李自成的军师宋献策打这里经过，几个官员连忙下跪，问道："新主出朝否？"宋献策厉声骂道："不杀你们这些人已经是很便宜了，还不应当多等一会儿吗？"直到天近黄昏，李自成并没有出来见他们。

为了能在大顺新朝中谋个官职，他们费尽了心机，八仙过海，各显其能。庶吉士周钟是明末江南颇有点名气的文人领袖。此前牛金星曾听说过其人，这时将他撰写的《士见危授命论》，交给了李自成。周钟欣然自得，到处夸牛金星老师知遇。中允梁兆阳、谕德杨观光首倡助饷，慷慨解囊，拿出银子5000两，托宋企郊投进。李自成在文华殿召见他，他匍匐在地，一面痛斥崇祯帝刚愎自用，君臣血脉不通，以致万民涂炭，灾害并至，一面起劲颂扬李自成救民水火，自秦、晋抵燕，兵不血刃，百姓箪食壶浆，以迎王师，神武不杀，比隆尧、舜，商汤、周武王不足道也。又说他自己遇到圣主，怎敢不精白一心，以答殊恩，急于得官的心情溢于言表。翰林院庶吉士张家玉在《荐人才书》中说："当此多方多士尚在危疑惊喜之时，莫若将家玉族而别之，刻其书以布之四方，得一仁人以收拾天下人心，胜精兵十万可知也。"就是说如果大顺能够起用他，可"胜精兵十万"。大理寺官钱位坤暗中打通了大顺吏政府尚书宋企郊的门路，并为自己将得到重用而沾沾自喜，逢人便说：明日此时我便不是凡人了，以致后来有人写了一篇《不凡人传》来讽刺他。吏部王孙蕙在大顺军入城时，命家人取来竹竿，拴上黄布，写上"大顺永昌皇帝万万岁"九个大字，悬挂门前。

二十三日下午，李自成召见明朝的文武百官，作为新君，南向而坐，牛金星、宋献策等人左右杂坐，鸿胪寺官员按名册点名，首呼大学士魏藻德，李责备他说：你受崇祯帝特殊恩遇，为何不殉死呢？魏藻德回答说："方求效用，哪敢去死。"他的这番表白，可以说是来见李自成的这些明朝官员的共同心愿。点完名，吏政府尚书宋企郊宣布录用情况。这天录用的有96人。这是第一批。用者随即前往大顺吏政府听候差遣。未宣布录用的，继续发回各营看守。二十六日，又有一批官员得到录用任命。据清人徐鼒在《小腆纪年附考》的统计，被录用为大顺政权的官员有200余人。三品以上官员一般不用，个别确无劣迹而有能力的，仍然起用。如让原兵部尚书侯恂出任兵政府尚书，原工部侍郎叶初春、礼部侍郎杨汝成、户部侍郎党崇雅均仍官原职。

原六部官员录用的有65人，占录用总人数的三分之一。有的留用在中央机构中任职，如吏部文选司郎中郭万象授吏政府考功郎，验封司员外郎侯佐授吏政府稽勋郎。户部主事贺绍久授户政府从事，主事张鸣骏授直指使。礼部郎中刘大巩授大理寺卿，员外郎吴泰来授礼政府从事。兵部主事方允昌授兵政府员外郎。刑部张璘然授户政府少堂。派到地方任职的有：吏部文选司郎中左懋泰授密云防御使，兵部职方司郎中张若麒授山海关防御使，刑部主事孙承泽授顺庆防御使，吏部郎中刘廷谏授府尹，户部郎中吴篪、礼部主事高去奢俱授州牧，侯伟时、王显、杨云鹤、汤有庆、张琦、邹明魁等人均以郎中或主事官改授县令。

原翰林院、詹事府官员录用的有49人。如少詹侍读学士何瑞征授弘文院掌院学士，庶子杨观光先授兵政府侍郎，再升任礼政府尚书，检讨梁兆阳授兵政府侍郎，少詹事项煜授大理寺丞，谕德韩四维授弘文院修撰，检讨朱积授编修，修撰杨廷鉴授编修，另，检讨傅鼎栓、待诏高来凤，俱改授从事。还有翰、詹官员改授外任官：杨明琅改任防御使，李长祥等4人改任州牧，成克巩等8人改任县令。

原科道官录用的有27人。六科给事中录用情况是：刘昌为太常寺卿，高翔汉为直指使，戴明说、光时亨、申芝芳、朱徽宜、彭琯、金炼色、翁元益为谏议，十三道御史中傅景星授职方司郎中，涂必泓、蔡鹏霄、张懋爵等为直指使，卫祯固、裴希度改任弘文院庶吉士。科道官被派到地方任职的，如御史韩文铨授山西太原节度使，御史熊世懿授府尹。

其他中央机构官员录用的，如通政司参议宋学显授验马寺卿，大理寺丞吴履中授大理寺卿，太仆寺卿叶如春授兵政府少堂，太仆寺丞李元鼎授太常卿。

原地方官也有被录用的。顺天巡抚宋权授顺天节度使，豫楚总督任浚授四川防御使，山西布政参议王则尧授顺天府尹，陕西监军道陈之龙授陕西节度使，知县王孙蕙授长芦盐运使，黄国琦授扬州府尹。

此外，明之进士、举人、生员也有一些人被录用。如进士胡显授县令，贺王盛授太仆寺丞，吴刚思授兵政府从事，武愫授徐淮防御使，王道成授贵州防御使，徐家麟授山东防御使，杨璇授扬州府尹，锁青揩授淮安知府，程玉成、王尔禄俱授教职；举人王学先授知政使，王皇极授防御使，高丹桂授济南府尹，武大正授平原县令；生员王明授资县令。

在甄别录用工作中，宋献策上疏就削发为僧的明朝官员的状态进行了分析，并提出处理建议："此辈既不能捐躯殉难，以全忠义；又不肯委身归顺，以事真主。顾乃巧立权宜，徘徊歧路；忠节既亏，心迹难料，若委以政事，任以腹心，恐他日有反噬之祸。"李自成当即作了批示："削发奸臣，命法司严刑拷问，吏政府不得混叙授职。"

那些没有得到录用的人，心急如焚，纷纷到吏政府尚书宋企郊那里去活动，宋企郊直言相告："新天子御极，当另用一番人。前所考试，不过安人心耳。余为诸公计，不如归去为上。"这就明确告诉他们，大顺政权并不是明王朝的延续，录用部分官员乃是稳定北京的社会秩序而采取的一项措施。

4.筹备即位典礼，完备各项制度。崇祯十七年（1644年）元旦，李自成在西安宣告大顺政权的诞生，自称顺王，并且组建了大顺军政机构。进入北京后，将择日登极称帝列为议事日程。为显示新朝与明朝的不同，对明朝一些制度进行变革。这项工作由牛金星主持。牛金星不能想出新的招数，只能参照历代王朝的政府组织形式略作变更。大顺官制规定凡文武俱受权将军节制。改革中央机构，内阁改为天佑殿，翰林院改为弘文院，六部改为六政府，文选司改为文谕院，六科给事中改为谏议、十三道御史改为直指史，太仆寺改为验马寺，尚宝寺改为尚玺寺。废除詹事府，裁并太常寺、鸿胪寺，所管事务归礼政府。地方官巡抚改为节度使，布政司改为统会，兵备改为防御使，知府改为府尹，知州改为州牧，知县改为县令。改革明朝军事制度：五军府改五军部，正总兵改正总权，副总兵改副总制，守备改守旅，把总改总旗。裁减太监，其总数不得超过千人。与明朝机构设置相比，大为精简。

礼政府铸造大顺新朝的国玺。印文是继天立极。天字上一层居中，下一层并列继立极三字。牛金星等人主持制定的《永昌仪注》，刊印成册，前载大顺政令，禁止奏疏文字冗长。分条记述官制、服饰、朝见仪节，以及各官往来礼柬之类，一一俱详。新朝定为水德王，衣服尚蓝。这是由于明为火德王，取水灭火之意，说明大顺政权接受了五德始终的天命思想。新朝文武百官公服全用蓝色，官帽亦用蓝色。公服方领、方补，补上花纹不论文武俱用兽。领、帽以云纹多寡区分品级，一品一云，二品二云，至九品九云。衣带分犀、银、角三等。一二品官冠上加有一根雉尾。这种等级上的区分，将大顺新朝的等级观念和思想具体化。

举行即位大典的各项筹备与组织工作也在抓紧进行。二十四日，内监将新制的皇冠进献给李自成，请他试戴。由于太窄，戴不上，改作后再进，又太宽，直到第三次，大小才算合适。然而戴上不久，头痛得厉害。李自成索性取了下来，不耐烦地说："射箭去。"

登极礼仪颇为讲究。其具体办法，自然是借助明王朝皇帝"三劝进始登基"的那一套制度和程序。大顺礼政府发布文告，命随驾各官率领着老上表劝进，并组织在京官员进行礼仪演习。二十六日，刘宗敏、牛金星率领文武百官匍匐午门前合词劝进，其表文内有："独夫授首，四海归心，比尧、舜而多武功，迈汤、武而无惭德。"李自成也仿效历代帝王，以天子自诩，自称朕。一心想做一个好皇帝。并且择定于三月二十九日登基即位。然而李自成并没有按照原定日期即位，而是一改再改。四月一日宣布改期初六日即位，初三日又改期初八日，初六日又改期十二日，十一日又更期十五日，十二日又更期十七日。直到二十九日，才匆匆在武英殿即位。李自成何以迟迟不予登基？有说是由于他是陕西人的缘故，北京不如西安，富贵必还乡，也不无道理。而所谓"忧关东，故屡更登基日期"，则更接近实际。《燼火录》记载李自成所说的一段话："陕，吾父母国，形胜之地。朕将建都焉，富贵归故乡，虽十燕京，岂易一西安哉？"李自成这一认识的产生，认真说来，是考虑到情况比较复杂，这并不是说北京不好，而是说在北京建都不如西安安全。

5. 全面推行追赃助饷。大顺军军饷从何而来？是李自成极为重视而一直未能得到妥善解决的问题。进入北京后，大顺政府基于"卿相所有，非盗上则剥下，皆赃也"的认识，将助饷与追赃结合在一起，全面推行这一政策。这也是大顺政府为谋求解决军饷问题采取的重要措施。大顺政府设立比饷镇抚司专门负责实施。李自成提出的政策是：各官罪甚者杀之，贪者刑之。据与大顺军接触的杨士聪在《甲申核真略》中记述：三月二十七日，派饷于在京各官，不论用与不用。用者派少，令其自完；不用者派多，一言不办即夹。其输饷之标准：内阁十万，部院、京堂、锦衣七万，或五万、三万，科道、吏部五万、三万，翰林三万、二万、一万，部属以下各以千计。勋戚之家没有固定数目，人财两尽而后已。追赃工作由李过与刘宗敏主持，具体执行追比的是各营中的佐官、军士。为了保障追赃工作的开展，大顺政府命人赶制夹棍刑具5000副，用之夹人，无不骨碎。凡是拒不缴纳或缴纳不及其数的，视为抗拒，立即施以夹刑，于是有夹于刘宗敏寓所者，有夹于各营兵官处者，有夹于监押健儿处者，有夹于勋戚各官之家者，有夹于路坎者。受刑的先后有800余人，约占在京官员的十分之三。在短短10天时间，共计得银7000万两。其中勋戚、内侍各占十分之三，百官、富商各占十分之二。

大顺军在京推行过火的追赃助饷政策，引起了强烈反响。不利于政权的

巩固与社会秩序的稳定。四月七日，李自成来到刘宗敏寓所，了解情况，最后作出指示："天象示警，宋军师云当省刑清狱。此辈宜斟酌放之。"尽管李过等人当时还不大高兴，最后还是接受了李自成的意见，十二日，停止追赃，关押在各营的官绅陆续放回。但在大顺辖区北京以外的地区，仍然在继续。在山东，大顺官员强迫，"乡绅富户，皆追赃助饷。视其家资，十欲得七。不应者，辄截人平指殆尽，又割其筋"。阳信和济阳的大顺县令，"搜罗邑绅子弟，蠲资助饷，各三、五百金，勒限比严"。济宁的大顺官员，对绅衿、大户、乡绅、举荐、生员、富民，按籍拘追。河南的大顺官员为了追赃助饷，将官绅拘禁，甚至押送至陕西。

6.南征、入蜀和北防的军事部署。李自成入京后，在军事上的部署没有集中兵力同清兵作战的想法，想当然的认为天下可以传檄而定，只派遣唐通及其8000人马接管山海关，以为只要接管了吴三桂的宁远军，建州不敢妄动，东北问题即可解决。将明降将和降兵调离原来的防区，调明辽东巡抚黎玉田和总兵马科率领1万左右士兵，去四川和张献忠抢地盘。他任命原明宁夏花马池副将董学礼为淮南镇制将军，带领1500兵马由北京启行南下前往江苏，同时发布招降明将领左良玉、黄得功、高杰、刘泽清、刘肇基、徐大绶的檄文。檄文中说："大顺国王应运龙兴，豪杰响附，唐通、左光先、刘超、刘越等，知天命有在，回面革心，朕嘉其志，俱赐彩缎二十匹，黄金二十两，白金四十两，所将士卒，先给四月粮，俟立功日，量功升赏。抗命周遇吉等，身俱五刑，全家诛戮。刑赏昭然，判若黑白。尔等当审时度势，弃昏就明，以保令名，功垂奕世。孰与弃身逆命，妻子戮辱，大福不在，后悔噬脐。檄到须知。"以为这样就可收复江南大地。

7.清点明朝府库，没收宗室、勋戚、太监的财产。缴获白银3700万两，黄金150万两，收缴存粮数十万石。至于说没收宗室、勋戚以及太监的财产，则没有见诸可信的统计。大约觉察到北京不大安全，从四月中旬开始，调集军中工匠于宫中，将收缴"内库银，及拷掠所得，并诸器物尽熔之，千两为一饼，凡数万饼"。并将这些金银运往西安。

8.开科取士。李自成的开科取士，是崇祯十五年（1642年）底提出来的。在襄阳、西安等地都曾开科取士。入京后，根据开国建政用人的需求，决定立即开科取士。四月一日，顺天府举行童、生员考试，试题分别为《天与之》、《若大旱之望云霓也》，考试工作由府尹王则尧主持，有生员150人参加考试，次日发榜，取中生员送吏政府授官，取中童生送国子监读书。四日，大顺礼政府在北京举行举人考试，考试由牛金星与黎志主持，试题是《天下归仁焉》、《莅中国而抚四夷也》、《自天佑之吉无不利》。应试的都是举人，共计70余人。第二天揭晓，录取50人。由吏政府量才授职。同日又宣布各省乡试，候旨于中秋举行。又考试顺天秀才，取20名。这一举措对于满足用人的需求有着积极作用。

9.在新占领区组建地方政权。崇祯十七年（1644年）四月，大顺的辖区达于鼎盛，东至山东，西至甘肃、宁夏，北沿长城，南到长江及川北，包括河北、山东、山西、陕西、河南五省大部地区，甘肃、青海、宁夏大片地区，以及江苏、安徽、湖北、湖南、江西、四川的部分地区，拥有了大半个中国。按照大顺政权地方行政建制，分省、府、州、县四级。虽然从崇祯十四年（1641年）十二月起，李自成就开始在占领区设官管理地方政事，但由于战争的紧张进行，李自成受流寇主义影响，重在招兵买马，攻城略地，因而，其辖区政权设置呈现出极为复杂的情形。有相当一部分政权机构不健全，时有时无，处于极不稳定状态，无法控制地方局面。入京后，大顺政权决定向占领区派设地方官，对战略要地派驻军队，以稳定地方秩序。派出的官员有三类，一是开科取士新选出来的举人，二是从随军的人员中选任，三是从明朝降官中选任。所派官员前往任职的，或单骑赴任，或三五人一行赴任，只是由于大顺军处于鼎盛时期，派出的官员，多能按时赴任，到任后认

真执法，吏不敢舞文，民不敢犯禁。

10.询问民间疾苦。入居北京皇宫后的李自成，没有脱下戎装，直到四月初，仍是头戴大绒帽，身穿蓝色箭衣。每隔三日，到大校场校阅士兵骑射，往返仅张一小黄盖，仍乘战马，而不用轿。四月上旬，他两次召见城内和城郊各村镇耆老，详细询问民间疾苦，大顺官兵有无扰害的地方。受到接见的耆老们出宫后，喜形于色地传告李自成平易近人，同其他将领简直没有区别。但如何实现入京前的各项承诺，未有具体举措。

大顺政府在北京的时间只有41天。三月十九日，李自成入京时，城内百姓在家门口设立香案表示祝福，先前在明朝任职的官员们也出来跪迎，极尽其歌功颂德之能事。《明史·李自成传》也说他"不好酒色，脱粟粗粝，与其下共甘苦"。然而，在京期间，贪图享乐，追求金钱美女之风迅速在军中蔓延，也是不可否认的事实。这种风气既来自社会的熏染，又来自李自成和他身边的将领。入京后，领导人及其将领们将崇祯帝的宫女作为战利品进行瓜分。李自成、刘宗敏和李过以及牛金星、宋企郊等各得数十人。为李自成收取的宫女，有据可查的有杜氏、陈氏、窦氏、张氏、冬氏。窦氏即窦妃。这种瓜分，由娼妓、宫女渐及于良家女子。所以，有记载说："自成向远酒色，至都改操。"这不能简单地视为别有用心的攻击。此时此刻李自成尚未登基，可已入居大内，安居皇宫，享受起皇帝的生活来，唤娼妇小唱梨园数十人入宫陪伴。二十一日，明朝文武百官按照大顺的要求，一大早就来到指定地点，等候李自成的接见，直至黄昏，不见其踪影。实际上，这天李自成并不真的是因忙于国事而脱不开身，而是在宫中开饮。有记载说：入京后的李自成，每天在宫中设置酒宴，召牛金星、宋献策、宋企郊、刘宗敏、李过等欢饮。牛、宋以礼相待，十分恭敬，听到呼唤，则避席而答。其他各位领导人不论顺次就座，觥倾酒，用手攫取食物。宗敏时呼李自成为大哥，李自成也无可奈何。刘宗敏为武将之首，入城后，入据都督田弘遇宅，将精力用在追赃和劫夺女子上。当他得知陈圆圆的艳名，便多方搜求。获悉陈圆圆躲藏在吴三桂父吴襄家里，即刻下令逮捕吴襄，严刑拷打。为了寻欢作乐，竟然顾不上处理政事。他手下的士兵押送明朝官员到他寓所，由于他刚刚拥妓欢饮，遂命士兵回营守候。

此时李自成没有忘记昔日与他患难与共的战友。他没有匆匆地登上皇帝的宝座，一再推迟了登基即位的日期。可与他共事的大顺军的主要领导人已都今非昔比，圆了享乐梦。李过据都督袁祐宅，谷大用据万驸马宅，田见秀据曹都尉宅，李岩据周奎宅。其他如李牟、白丰、郭之纬、贺有威、董学礼、白广恩、白邦政、黑云龙、官抚民、左光先、梁甫、祖泽溥、王琦、熊天成等将领，也都分别占据贵族官绅的宅第，纵情欢乐，刘宗敏、李过、田见秀等，呼莲子胡同优伶妾童，各数十佐酒，高居几上，环而歌舞，喜则赏以大钱，怒则杀之。文官之首牛金星，以太平宰相自居，使用内阁仪仗，往来拜谒，夸其乡人。谋士顾君恩坐在吏部大堂，举足置案上，乘醉携妾童高唱边关调为乐。吏政府尚书宋企郊劝止他说：衙门自有体，不比营中，可以自由放纵。顾君恩反唇相讥道："老宋犹作旧时气象耶？"

先前颁布的军纪与诸多禁令，很快成为具文。大顺军历来是严禁将士个人私藏金银的。入京之初，那种雷厉风行严惩违纪违法，将抢掠前门店铺绸缎的士兵处斩，并将其手足钉在前门左栅上的情形，不能说没有震慑力。但是，为时不久，情况就发生了变化，军中想方设法捞上一把的，并非是个别人的倒行逆施，"其中多者五六百金，少者亦二三百金"。刘宗敏对此，不仅不认为是破坏军纪，还认为理所当然。既然如此，人存富足还乡之心，谁还肯去勇往赴战！这种在战利品分配上的变化，正如《绥寇纪略》中所说的那样：李自成最初以其所得财物作号召，南阳、洛阳归附的人开始增多。及至攻取京师，其部下争相掠取金帛财物，此其为利同也。始之何以分，今之何以散，其差别就在于以前是以所掠散给饥民，而后之用于御骄兵。有分析

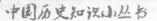

家指出："饥寒乞活之人，一旦见宫室帷帐珍怪重宝以千数，志满意得，饮酒高会，有富贵归故乡之心，怯箧担囊，唯恐在后，何遽同心胆其功名哉！"这也就是人们所说骄兵难制的原因所在。这话说得有些刻薄，可也入情入理。贪图享乐是农民军的一种外在表现，进一步剖析，其深层的因素，则是贪则骄，骄则惰，只顾眼前，不虑长远，不想再思进取。经过10多年的浴血奋战，用无数将士生命和鲜血换取的战略主动，就这样在欢歌笑语中被弃之以去。

上述10项举措是大顺领导集团入京后对现实问题作出的回答。所有这些所作所为，表现出以李自成为首的大顺领导集团的短见，他们是推翻明王朝的英雄，但不是治世的能人，由于不能实现自己的承诺，给人们带来实惠，认真解决人们的吃饭穿衣问题，甚至损害人们的利益，因而为民众不满。制将军李岩从关心爱护大顺政府出发，给李自成上疏提出四项建议，其略曰：

一、扫清大内后，请主上退居公厂。俟工政府修葺洒扫，礼政府择日率百官迎请（进）大内。决议登基大礼，选定吉期，先命礼政府定仪制，颁示群臣演礼。

一、文官追赃，除死难归降外，宜分三等。有贪污者发刑官严追，尽产入官。抗命不降者，刑官追赃既完，仍定其罪。其清廉者免刑，听其自输助饷。

一、各营兵马仍令退居城外守寨，听候调遣出征。今主上方登大宝，愿以尧舜之仁自爱其身，即以尧舜之德爱及天下。京师百姓熙熙皞皞，方成帝王之治。一切军兵不宜借住民房，恐失民望。

一、吴镇兴兵复仇，边报甚急。国不可一日无君，今择吉已定，官民仰望登极，若大旱之望云霓。主上不必兴师，但遣官招抚吴镇，许以侯封吴镇父子，仍以大国封明太子，令其奉祀宗庙，俾世世朝贡与国同休，则一统之基可成，而干戈之乱可息矣。

这里未曾提到对清的策略，可也提出了大顺在政策上存在的一些问题。所说严肃军纪问题，以及用政略解决吴三桂问题都是与大顺存亡息息相关的。若能及时予以注意，可谓亡羊补牢，尤为未晚。遗憾的是，李自成见疏不甚高兴，顺手批复"知道了"三字就无下文了。

十几年来，李自成在他戎马生涯中，始终是着眼于应付眼前的得失，而未形成全局观念，他将推翻明王朝作为自己的终极目标，入京后忙于棒打明朝官员，并没有真正想过如何治理国家，他倡导的杀富济贫，曾经鼓舞人心，但他建立并实施的制度，却是以一种新的不平等、不平均取代旧的不平等、不平均，以他为首包括他的高级文武官员们正在拥有自己的特权，自然不会采取有效措施去弥补这种恶习所造成的损失。

李自成在京期间实施政策的失误，在于李自成及其领导集团低估了明朝残余势力的能动性；还在于对官绅采取了不加区别的政策。官绅不仅在政治上有一定的号召力，而且在经济上也拥有实力。他们是义军的对立面，可也不是铁板一块。随着农民军的胜利推进，他们也在分化。坚持与义军为敌的死硬分子，固然不乏其人，可是向义军投诚的，也大有人在。如何区别对待官绅是一个政策性极强的问题。进入北京后，大顺政权对明朝官绅实行的最为主要的两大举措，一是勒令在京旧官到大顺政府登记接受审查，命令他们到指定地点听候宣布结果。不是尊重他们，而是将他们作为俘虏，甚至在人格上加以羞辱。二是将助饷与追赃结合在一起。由派征到追逼，其数额多寡，"以官职之大小，定银数之多寡"，这种按照官职大小派征，要求如期完纳，否则即严刑逼征的做法，是很不讲策略的。有些地方所以凭衣着相貌捉人，凡状貌魁梧者，或认为是官宦，或认为是富翁，便捉去用刑拷逼。《平寇志》记其事说：刘宗敏、李过等大索京官、严刑拷掠，尽取衣币金银诸器。未几，株连乡戚知交，典肆市贾，搜索寄顿，逮及菜佣、卖酱家、僧

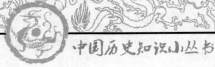

房、饭肆。这样，就将打击面扩大到一般人家。对于那些"输不及数"的官员，不加分析，一律严厉打击。仅北京一地，因追赃被刑致死的官员和富户有1000多人。还有让他们到前门商铺"称贷"。因此，随着"贷赃"事起，几天之内，北京商人钱贷为之一空。再者，征饷以银为主。规定：凡输纳者，现银加二，首饰十不当一；珠玉玩好，一概掷弃，衣服极新者，准价钱许。大缎，匹不及两。纱罗减之。更为严重的是，当李自成得知这些后，为纠正追赃的扩大化，曾召集将领开会研究如何办时，一些将领们竟不以为然，说："皇帝之权归汝，拷掠之威归我，无烦言也。"

兵败山海关，放弃北京

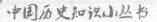

李自成攻破北京后，清朝执政者敏锐意识到这是一个最为难得的良机。多尔衮立即集结军队，迅速向关内进发。

吴三桂出身武举，是明辽东总兵吴襄之子，是一位有作为的将领。是他，率军固守山海关，阻击了清兵的入犯。在他的手下有军队4万余人，还有屯驻在山海关至开平一带八九万汉民。三月六日，大同告急文书迭至，崇祯帝急命太监谢文举星夜驰赴山海关，飞檄吴三桂率兵入关，并加封他为平西伯，以示恩宠。三桂接到命令后立即从宁远撤军入关。三月二十日，到达丰润，而在前一天李自成已入据北京。入京后，李自成也注意到吴三桂这个人物，派降将唐通带着招降敕书前往山海关，书中盛称李自成礼贤，答应晋封吴三桂为侯；又派兵政府侍郎左懋泰携带黄金千两、白银万两、锦缎千匹作为犒赏前往，以促使吴三桂晋京授职。吴三桂和总兵高第接受了李自成的犒师银两，当即决定归附，并将山海关的防务交给唐通接管，带领军兵向北京开拔，准备朝见新天子，接受任命。二十六日，到达玉田县，得到家人的报告，在北京的父亲与家属受到大顺军拷掠。材料记载说有两件事，一是吴襄被逮捕关押，索饷20万；二是爱妾陈圆圆为刘宗敏夺占。这两件事几乎同时发生，使吴三桂政治态度立刻发生变化。吴三桂盛怒之下，返回山海关，向唐通发起突然袭击，又借为崇祯帝复仇的名义，发布讨伐檄文。由于事出意外，唐通没有任何准备，山海关为吴三桂占领。唐通战败，急向北京告急求助。

四月十一日午后，山海关军情紧急边报传来，人心惶惶，刘宗敏曾让聋道人占卜，得坤之卜。又问：我主夜梦，宫门上悬一大赵字，主何祥？回答说：赵字从走从小月，小月二十九天，小尽也。意者战我不胜，以是日退走。十二日，李自成召开紧急会议，商定对策。大顺在京主要的文武将吏都出席了会议。会上，诸将推诿不前。他批评了刘宗敏的做法，提出对吴襄进行抚慰，让牛金星代笔写信给吴三桂，劝其来归。信中写道："我为尔计，及今早降，不失封侯之位，而犹全孝子之名。万一徒恃愤骄，全无节制，主客之势既殊，众寡之形不敌，顿甲坚城，一朝歼尽。使尔父无辜并受戮辱，身名俱丧。臣子俱失，不亦大可痛哉？"很明显，这是在做补救工作。同时，决定暂缓登基，率部亲征，错误地认为山海关不过是弹丸之地，不足挂齿，甚至以为"可一鼓下也"，可以"用靴尖踢倒耳"。在他看来，以10万大军对付吴三桂的5万兵马的确是胜券在握的。

当时的牛金星已经意识到问题并非如此简单，曾提出异议，认为不宜出动大兵东征，特别是亲征。他说：我主新得京师，人心震叠，彼必不敢轻动，亟即真而颁劝赏，示激劝，偏师往击，未晚也。又说：如果皇爷出战，对皇爷不利。吴三桂来，对吴三桂不利。这就是说，当时大顺军的做法应固守北京，按兵不动。这不能不说是一种慎重的考虑。宋献策也以为牛金星的分析与意见是万无一失的。如果我们看一下十二日明朝官员陈方策在塘报中所说的一段话，问题就会更加清楚明白。这里说：李自成自入关以来，只经宁武、榆林两战，从兹以往，望风溃附，错认无敌，其志多骄，骄可图也。就是说，李自成志骄意满的弱点已为对立面所关注。可惜，李自成没有采纳这一建议，最终还是决定亲率大顺军东征。在这次高级领导人分析形势商定对策的会议上，他与大顺政府的所有领导人，没有一个人想到据有东北的清朝正在入关，也没有想到吴三桂一旦倒向清方可能导致的后果，更没有意识到他的这一行动竟然成为他从人生事业高峰上跌落下来步入悲剧人生的起步。

十三日，李自成身着蓝布箭衣，由北京正阳门启行，带领大顺军主力向山海关开拔。号称10万，实际上8万人。随同前往的有刘宗敏等大顺军事将领，崇祯帝三个儿子太子朱慈烺、永王朱慈炯、定王朱慈焕，以及在西安俘获的秦王、晋王，还有吴三桂的父亲吴襄。其用意自然是为了消除吴三桂的影响。留牛金星和李友等将领万余人守卫北京。这天夜里，斩明大臣陈演、魏德藻及勋戚朱纯臣等60余人于东华门外。

吴三桂是一位有朝气、有心计的将领，深知自己绝不是李自成的对手，自然不会坐以待毙。面临飞来的横祸，他急中生智，派副将杨坤、游击郭云向清方请求援助。他在信中提出联合消灭李自成农民军的意见。条件是既有丰厚的财帛回报，还有裂地以酬的补偿。

清政府看透了明朝腐朽没落及其灭亡的必然性，且早有入主中原之意。此刻以多尔衮为首的清朝领导集团及其谋士们，无不在密切关注关内政治局势的每一变化。他们虽然对于李自成及其农民军了解得并不多，可是在得知大

多尔衮

顺军入京，崇祯帝自缢后，便以极大的热情，迅速将注意力放在对大顺军情况的了解上。范文程立即向多尔衮提出："我国虽与明争天下，实与流寇争夺。"明确提出大顺政权是夺取全国政权的最大障碍，并对大顺军的状况进行了全面的分析，指出："虽拥众百万，横行无惮，观其必败之原因有三：逼殒其主，天怒矣；刑辱缙绅，拷掠财货，士忿矣；掠民资财，淫人妇女，火烧人家庐舍，民恨矣。有此三败，再加上行之以骄，可以一战而破。"基于这一分析，提出趁大顺政权尚未立定脚跟，志骄意满之机，迅速出兵与之争天下。多尔衮很重视这一建议，并且作了相应的部署。四月九日，多尔衮率领武英郡王阿济格、豫郡王多铎、谋士范文程与洪承畴和降将孔有德等人，大举南下，他告诫英王、裕王说："吾尝三围明都，不能遽克。自成一举下之，其智勇必有大过人之处。今统大兵亲至，志在不小，得勿乘战胜精甲，有窥辽之意乎？不如分兵固守，以觇动静。"他们坐观时变，谋求最佳效果。

十五日，多尔衮率主力经由蓟州、密云，到达阜新翁后，遇上吴三桂派往与清方联系的使臣杨坤。杨坤述说了山海关的严峻形势，并将吴三桂的救助信交给了清方。信上说道："乞念亡国孤臣忠义之言，速选精兵，直入中协、西协。三桂自率所部合兵以抵都门，灭流寇于宫廷，示大义于中国，则我朝之报北朝者，岂惟财帛，将裂地以酬，不敢食言。"多尔衮对提出的借兵之说并不感兴趣，可也从这信中察知国内战局即将出现有利于清朝的大变化，并且根据信中提供的情报，调整了军事行动计划，命令部队向山海关进发，立即复信给吴，说收到来使致书，深为喜悦。提出要吴来归，以晋为藩王作为条件。吴三桂收到回信，再次派郭云龙携带书信前往，信中写道：三桂承王谕，即发精锐于山海以西要处，诱贼速来。今贼亲率党羽，蚁聚永平一带，此乃自投陷阱，而天意从可知也。今三桂已集中全部精锐，以图相机灭，幸王速整虎旅，直入山海，首尾夹攻，逆贼可擒，京东西传檄可定也。

由于摸不清吴三桂的真实意图，多尔衮到达欢喜岭后，命令部队停了下来，高张旗帜，休息兵马，观察事态的变化。

十九日，大顺军从西、南、北三面包围山海关城，将主力摆在关内石河完成对吴军的包围。

二十一日，大顺军在山海关下发起猛烈进攻，力图一鼓而下；又恐吴三桂东遁，遂出兵2万，从山海关西一片石出边，绕道东来夹击关外东罗城断其后路。李自成从西部以全师攻击内城，进行前后合围。吴三桂亦率军下关迎战。双方列阵于一片石。位于山海关北稍偏，距关约20里。形势十分紧张。吴三桂得知清兵已到关前，急忙派人前去请求入关。多尔衮迟迟不作答复，使者往返8次，经过一番讨价还价，直到吴三桂答应投降，方才达成协议。吴突出外城，驰入清营会见九王。九王举行受降仪式。吴向清称臣，剃发。九王以白马祭天，乌牛祭地，折箭为誓，进而确定了军事行动计划，以吴为前锋，英王张左翼，统兵2万，从西水关入，裕王张右翼，统兵2万，从东水关入，九王重兵居后。吴返回关内。

二十二日晨，一片石战场如火如荼。大顺军士气昂扬，炮火猛烈，已经夺关，连营并进，守关吴军，开始动摇。北翼城守军已向大顺军投降。

吴三桂

这天下午，突然大风扬尘（沙尘暴），咫尺莫辨，清军呼啸而出，犹如万马奔腾，飞矢如蝗。战场上突然响起进军号角，连续吹响三遍，每次接着是呐喊，再下是射出巡箭。数万严阵以待的辫发清军铁骑一齐冲上阵前，突然袭击，直向大顺营垒扑来，精疲力竭的大顺军挡不住，死伤惨重。勇冠三军的刘宗敏在尘沙飞扬中，中箭坠马。其他将领受伤的亦不少。李自成立马在一座小土岗上，指挥作战，忽然见到白旗挥舞，在他身旁的高僧告诉他白旗不是吴三桂的军队。战场局势顿时出现天翻地覆的变化，大顺军全线溃败。李自成急令快速撤退。大顺军败退40里，至永平，在范家店杀了吴襄。

多尔衮在山海关战役结束的当天，晋升吴三桂为平西王，以马步兵13000人交吴三桂指挥，追击大顺军。从而出乎意料地实现了清朝入关的夙愿。而这一夙愿的如此实现，恰恰是利用了李自成的志得意满，不复顾及，打了个措手不及。而李自成这一仗的失败，非同小可，导致全局逆转，不仅改变了他本人的命运，使他从胜利高峰上跌落下来，使大顺从胜利走向失败，直接影响到大顺的前途命运，而且影响到17世纪中国社会发展的进程。

二十六日，李自成回到北京，又杀了吴三桂全家34口。这时京城秩序混乱，谣言四起，有人散发传单，说要共辅太子。几天前降于大顺的官员见形势有变，纷纷离开大顺，乘机向江南逃窜；大顺的士兵，特别是新归附大顺的士兵也纷纷离去。

据守关中计划的破灭

战场上的风云难以预测。胜败乃兵家常事。山海关战役是李自成平生经历过的最后一次战役。这次战役中大顺军损失惨重，但大顺军的兵力，从数量上说并不算少。有记载说大顺军有百万之众，北上入京的大顺军约40万，出战山海关的不过8万人，而入关的清军14万人，加上吴三桂的5万人，多不过20万人，不及大顺军的1/4。这不是一支普普通通的军队，而是经过战争考验，是战胜过百万明朝官军的部队，何况大顺政府还拥有大半个中国的土地。按道理说，李自成等大顺军领导人，若是能够总结经验教训，振作精神，制定出正确的战略，组织军民对清军进行必要的阻击，至少可以打击清军的士气，为清军的推进设下障碍。可惜，这位在反明战场上锤炼出来的英雄，在清军面前却是那样的脆弱，居然失去了再战的信心与勇气。

退回北京后，沮丧、恐惧像瘟疫一样渗透在大顺军中。李自成等曾经考虑过据守北京，二十七、二十八两日采取了备战措施，责令军民火速拆除城外羊马墙及护城河旁房屋。但是，很快觉得这样不妥，因为大顺军的主力已在山海关遭到重创，在北京地区没有足够的兵力可供调遣，与清军抗衡。若是凭借败退下来的部队在城内固守，一旦清军围城，大顺军就可能成为瓮中之鳖；再加上城内居民看到大顺军败阵而回的狼狈情况，讹言四起，潜在的敌对势力也在蠢蠢欲动。基于这一认识，李自成决定放弃北京西撤，并对撤离之前的工作做了部署。

二十九日这天，大顺政府在京举行即位典礼。李自成在文武百官的拥戴下，即帝位于武英殿。他身着冠冕，列仗接受百官朝贺。追尊七代考妣为帝后，立妻高氏为皇后。由牛金星代行郊天礼。典礼由鸿胪寺官主持，牛金星以下全都就列。刘宗敏受伤未愈，被搀扶出来参加朝贺。他来到李自成面前，平立不拜，且说：尔我同为响马，本约富贵共享，今日为何要我拜你！众官按照鸿胪寺官制定的礼仪向李自成跪拜，刘宗敏不得已两拜而起。典礼草草结束。午后，运草入宫城，塞满各殿门，密令各营将士准备行装待命撤退。三十日，天将亮，大顺政府开始撤退。李自成怀着沮丧的心情，走出了武英殿，出齐化门，告别北京。大顺政府从三月十九日入京，到这时只有41天。李自成本人四月十三日出京到山海关，到二十六日才回到京城，他在北京的实际时间只有29天。刘宗敏继李自成之后出行，因负伤不能骑马，用棉被叠垫在长桌躺卧在上，由4名战士抬着出城。谷可成、左光先部殿后，按照李自成的部署，在大部队撤出后，放火焚烧宫殿，及九门城楼。这天夜里，殿后部队将九门内外及各草场全部点燃，火光照耀如同白昼。一些来不及出城的战士被烧死，或为趁机报复的市民杀死，牺牲甚重。一些明朝降官如龚鼎孳、涂必泓等人也随之西行。

清方统帅多尔衮四月二十五日到达抚宁，二十七日到滦州，二十九日至玉田，五月一日至通州，初二日，即李自成退走的第二天入驻北京。旧明文武官员出城5里迎接。

五月三日，南京官绅拥立福王朱由崧登基即位，建立弘光政府。明朝实行两京制。南京同时设立与北京相同的中央管理机构。李自成攻克北京，摧毁了北京的中央政府机构，但是南京的一套班子有了新的用场。在南京的明朝官绅，纷纷发表檄文声讨。弘光政府于以"君父之仇，不共戴天"为号召，将大顺政府看成是最为主要的敌人。他们还企图和清政府结成联盟，主动派出代表，携带着"国书金币"北上，同清方进行谈判。这就是说，大顺政府所面临的大敌，不仅是大清，还有南京弘光政府。

大顺与大清决战的帷幕已经拉开。此刻李自成集团决定放弃北京，不加阻击地退出。如果说，山海关战前，大顺领导集团陶醉于胜利之中，为胜利冲昏了头脑，忘乎所以，导致走向胜利骄傲的误区，而这一决策则反映李自成及其领导已从胜利骄傲的误区走上失败沮丧的另一个误区，不加阻击地退出北京则是他跨进这一误区的集中表现。

事实如此清楚地展现在人们面前。这一决策正中清方的下怀，急了清方之急，也就是作出了清方想要做而无法做到的事。此时清方正在集中力量入关，极力谋求快速地在关内立定脚跟的策略。大顺放弃北京，将天津、北京、河北大片地区拱手让给了大清。清方抓住这个难得时机，不费一兵一卒，昂首阔步开进了北京。这对清朝来说，是多么关键性的一步。从皇太极起，几次入关战争，不就是为了启开关门，入据关内吗？他几次入关，又几次出关，战绩辉煌，但始终未能占有关内一城一地。而今顺利跨过关门，据有都城北京，实现了几代人的梦想。更为可贵的是，以多尔衮为首的清朝领导集团，有紧迫感，有责任心，看到眼前的胜利和未来胜利的曙光而充满信心，意识到形势的复杂与任务的艰巨而不盲目乐观，他们在战略上重视，多方收集信息，用心分析形势，研究对策，注意策略，调整部署，把斗争的目标集中在大顺政权上，把工作的重点放在争取汉族官绅上，因势利导，相继采取了如下的措施：

一是把与李自成大顺军和南明进行较量、争夺作为战略目标。他派人向随军进京的朝鲜凤林大君传达他的志向："既得中原，势将混一。"他要得到的不是北京一城一地，而是整个中国。六月下旬，顺天巡抚柳寅东提出西征李自成的建议。"今日事势，莫急于西贼李自成。欲图西贼，必须调蒙古以入延绥、宁夏、甘肃，举大兵以收山西、河南，使贼腹背受敌，又须先计扼四川、汉中之路，次第定东南之局。"多尔衮十分赞赏这一建议。不久，多尔衮制定了西征战略，派固山额真觉罗巴哈纳、石廷柱从山东移师，会同固山额真叶臣部出征山西。李自成退至山西，没有组织抵抗，便放弃山西，继续向关中转移。这年八月，清军没有经过战斗就占据了河北、山东、山西等省及河南部分地盘。

二是抓住有利战机，不给大顺军以喘息机会。李自成兵败山海关与撤出北京，为清军的推进提供了最为有利的时机。多尔衮集团紧紧抓住这个战机，扬长避短，牢牢掌握主动权，命令大军尾追不舍，不给大顺军以喘息的时间。在最短时间内，作出新的决策与部署：分兵两路，南北出击，对大顺与南明政权发起了战略总攻击。

三是严明军纪。命令军队凡有归顺城池，秋毫无犯，其乡村散居人家亦不许妄加杀害，不许擅掠为奴，不许跣剥衣服，不许拆毁民房，不许妄取民间器用。一切缴获要归公。犯此令者，杀以儆众。入据北京之后，俱驻城上，附近居民有馈送酒食者，皆不敢接受。

四是优礼明朝宗室。明确宣布：凡是明宗室藩王，归顺者，并不夺其王爵，仍加恩养。勋戚占有土地产业，俱准照旧。

五是迁都北京。清政府1636年迁都沈阳。若是仅有关外之地，都城设在这里，无疑是最佳选择。然而，要据有中原，拥有全国，都城设在沈阳，则不利于控制全国。所以，多尔衮在入京的第二天就宣布："今本朝定鼎燕京，天下罹难军民，皆吾赤子，出之水火而安全之。"六月，多尔衮上书给顺治帝，说燕京势据兴胜，自古为兴王之地，"迁都于此，以定天下"。尽管在满族上层有人对此持有疑义，但这确是一个英明的抉择。

六是重用汉官。多尔衮在入京第二天，还宣布："各衙门官员，俱照旧录用。可速将职名开报，如虚饬假冒者，罪之。其避贼籍回原籍隐居山林

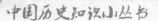

者，亦具以闻，仍以官录用。"这道命令，一下子稳定了官绅们的情绪。对于刚刚经历过大顺军追赃打击死里逃生的旧官员来说，更具有吸引力。第二天，当沈惟炳等10余人前去报名时，多尔衮亲自出来召见他们，用汉语对他们说："汝曹勿畏，我不杀一人，令各官照旧供职。"同时宣布凡是被起义军夺占的田产，一律归还本主。先前投诚于大顺的官员，以及有过抗清行为的官员，最担心的是清军报复，针对这一顾虑，大张榜示，宣布凡是在五月二日以前的，只要归顺清朝，一律官复原职。进而引导他们要为政清廉，告诫他们："明朝之败坏，俱由贪渎成风，德不称任，功罪不明所致。自兹以后，凡我臣民，俱宜改弦易辙，各励精忠。"有材料记载清兵进入北京时，有叩马而流涕者。这也是在情理之中。

七是为崇祯帝发丧。崇祯帝于大顺军攻克北京的当天晚上，自缢于煤山。在明清易代之际，崇祯帝仍不失为汉族的一面旗帜。人们对于他的死，抱以同情态度。李自成虽然也注意到这一点，但很草率。多尔衮看到这一点，清军入京后第三天，就下令官民人等为崇祯帝发丧，官民戴孝三天。著礼部、太常寺以帝后的葬礼埋葬崇祯帝和皇后。这种隆重葬礼，全在于借助崇祯的亡灵演出新的场面，将明朝官绅团聚在自己的周围。

八是宣布"民来归者，复其业"。明末三饷等额外加派，一律取消。这是接受了李自成的经验，反映了民众的心愿。

以多尔衮为首的清朝领导集团总览全局的胆识和谋略，与李自成在京期间的举措相比，其高下是不言而喻的。大顺政府退出北京的决策助长了官绅反抗的气焰。如果说，大顺军战败山海关，使对大顺政府心怀不满的官绅看到了一线希望，那么大顺退出北京则使他们这一希望成为现实。四月底五月初的半个多月的时间里，在大顺辖区的旧明官绅、土寨头目，纷纷聚众蠢动，气焰十分嚣张。

在河北，大顺军抵达涿州北城外，罢官家居的明大学士冯铨鼓动城中士绅和原明军官叛乱，杀死守城官兵，夺占州城，闭城据守，并且炮击大顺军，许多战士中炮中箭死，李自成右臂亦中箭受伤，至日西时，清豫王多铎、英王阿济格以及吴三桂等所率领的满、汉追兵已到涿州巨马桥。李自成放弃入城打算，趁夜往南退去。五日黎明，旧明宣府巡抚李鉴纠集数千人，进围城内各衙门，杀死大顺将吏黄应选。同一天上午，李自成亲护老营家口到达真定，未入城，经获鹿，由井陉入固关，过平定州，向太原方向进发。初八日，大顺军殿后部队在保定西南庆都县为清军追及，两军展开激战，大顺军损失部分辎重，谷大成战死，左光先伤脚。灵寿县士绅马国琳为抗击大顺官员的追赃捐饷，纠合百余人围击县令郭廉。曲周生员岳程等四人举义，拥立旧县丞张天爵摄县事，捉拿大顺县令孙应鳌。保定大宁都司神维显得知李自成西遁，率众袭杀留在保定的大顺官员。在沧州明尚宝寺丞程正揆等举行暴动，俘获大顺军政防御使、盐运使和知州，并派人往兴济、东光、青县、献县串联，捕杀大顺官员。直隶所属吴桥、任丘、交河、盐山、庆云、南皮等县的大顺地方官，尽为当地土劣豪绅所杀。昌平大顺官员李道、周祥等4人，同时被明密云副将张诚擒杀。大顺香河县的官员也为明游击将军范可法擒杀。宋权原为明遵化巡抚，李自成入京后，降于大顺，被任命为大顺遵化节度使，此时发动叛乱，将大顺守将黄锭以及防御史、府同知、县令等官员全部杀害。顺德府诸生殷渊是关南兵备道殷大白的儿子，率领乡勇斩杀大顺官员，并废除大顺的各项政令。顺德所属九县大顺的官员几乎同时遭到杀害。

在山东，就在山海关战役结束后的第五天，即二十七日，在德州以明御史卢世确、主事程先贞发动叛乱，杀死大顺德州防御使阎杰、德州牧吴征文等十八人。附近州县的官绅纷纷响应。二十九日，泰安州明游击高桂举兵作乱，杀死大顺防御使郭都。三十日，涿州明大学士冯铨和知州张锦组织武装，袭杀大顺的李都尉及其随同人员。谢升等起兵于德州，杀死大顺官员，招募乡勇数万人，以布文告，号召民众缮城拒守，以抗拒大顺军。

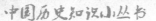

在河南,情况更严重。滑县绅民在定盟起兵,杀死大顺县令,浚县典史李化桂率众密谋逮捕大顺浚县县令马世聪,阴谋败露,被处死。明参将丁启光、归德知府桑开第合兵擒获大顺归德府同知陈奇、商丘令贾士俊、宁陵令许承荫、鹿邑令孙澄、考城令范隽、柘城令郭经邦等10余人,送往南京弘光朝廷报功。当时盛传河南全境皆反。各种山寨乡勇随风转舵,猖獗一时。宁陵以东至归德,控制在总兵王之纲手中,以西至兰阳为许定国所控制,刘洪起、沈万登把持西平、真阳一带,刘自称"左平南麾下副将军",南至湖广,北抵黄河,无不听他约束,他们疯狂擒杀大顺地方官员,纷纷向南明弘光政府靠拢。

在山西官绅活动也猖獗起来。大顺大同守将姜瓖于五月初十日叛变,偷袭该城,杀死大顺制将军张天林,向清朝投降。姜瓖拥有大同所属州县库贮银钱、布帛、衙中存留银两、首饰、器皿共40800余两,为清朝提供了大量资金。天城卫副将王大业与姜瓖呼应,举兵攻杀大顺在这里的守军。十一日,大顺军到达平定州、榆次、太谷,官绅们关起城门,不让义军进城,甚至填塞水井,为义军供水做饭造成困难,李自成十分恼怒,下令攻城平叛,迅速克城,逮捕并处死了叛乱的组织者。

大顺退出北京的决策使军中上下造成了严重混乱。随着大顺政府的撤退,那些处在观望期的明朝官绅态度明朗,不再与大顺合作,而另投新主;已经投降了大顺的军政官员发生动摇,不愿跟大顺政府西行,纷纷离去;大顺军中的士兵也有不少人离去;在大顺辖区内受到冲击的各类人员,包括市民、商人在内,也对大顺政府失去了信心。甚至在大顺领导集团内部也有人对大顺的前途命运忧虑。

大顺辖区的社会动荡,大顺领导集团内部矛盾也在激化。鉴于大顺辖区叛乱、暴动接踵而起,部将李岩出于对大顺的忠心,主动提出请求拨给他精兵2万,愿带着这支队伍去河南平乱。他的这一请求,引起了李自成的怀疑。平素与李岩不合的牛金星，乘机造谣中伤，说什么李岩雄武有大略，不甘久居人下。中州乃形胜之地，且是他的故乡，若以大兵与他，无异假蛟龙得云雨，日后势大必定不可控制。他不等军令，不推其他将领，自己要求领兵前往，莫非想趁机窃取权柄。"十八子"之谜，莫非是指他？不如想办法将他除掉，以免后患。这里提出"十八子"问题，是李自成最为忌讳的问题，也是最为严重的问题。他出生入死，苦战多年取得的天下，怎么能落入李岩手中。所以，他毫不犹豫地表示赞同，并且授意牛金星抓紧时间，清除这个隐患。但他不知道在大顺领导核心中真正有他志想离之而去的，不是别人，正是这个被他视为知己的牛金星。

六月二十二日，在平阳郊外一座军帐中，牛金星摆下一桌酒席，幕后埋伏了全副武装的壮士，以李岩到河南平叛饯行为名，请李岩及其堂弟李牟将军两人前来赴宴。饮宴间，牛金星不时地劝酒。酒过三巡，幕后伏兵大打出手，将李岩、李牟杀死在席间。宋献策、刘宗敏听说李岩兄弟二人被杀，极为愤慨，大骂牛金星。说牛金星没有一箭之功，竟敢擅杀我两员大将，如果落在我手里，一定将他碎尸万段。这种内部残杀，削弱了大顺实力，分裂了领导集团，使退败中的大顺陷入更加困难的境地。

李自成在平阳对今后一段时间的作战作了部署。他将注意力放在确保大军西撤上。为此，他命令山西节度使韩文铨、直指使李若星、制将军陈永福坚守太原，于城内驻扎兵马约1万，让平南伯刘忠镇守晋东南长治地区；让刘宗敏率部出击两河，一路出固关，攻打顺德，一路出宣府、大同，一路由宗敏亲自率领经由彰德、磁州，直向大名府；让牛万才领兵1万出潼关，经略黄河以南。他在接见陈永福时，告诉他要实行坚壁清野。但这一部署的失误，在于兵力分散，没有集中兵力，在山西境内选择有利地点对清军进行大规搏的反击。

西安是大顺定鼎之地。固守西安是李自成的寄托。按照他的设想，关中

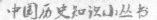

是他的故乡，他手下的骨干都是陕西人，对关中风土人情、地理环境有具体了解，有较好的群众基础，同时西安远离清朝，远离战区，所以他在北京期间将追赃获得的金银化成饼块运回西安。但他没有考虑到西安的弱点，经济落后，连年灾荒，民穷盗起，死伤严重，在人力与财力上都不能给农民军提供更多的支持；同时对于大顺政府来说，这里是新占区，即是从崇祯十六年（1643年）十月以后开辟的新区，各地各级政府初建，不完善，也不巩固。更重要的是，回到西安的李自成所作的军事部署是试图组织反击。七月七日发出行牌中说二府田见秀，绥德、汉中高一功、赵光远统兵30万从西河驿过河，刘宗敏统兵10万渡河从平阳北上。皇上李自成统领大兵350万，七月二日，从长安起马，三路行兵，先恢复宁武、代州、大同、宣府等处，后赴北京、山海，剿除辽左。凡叛逆官兵，尽行平洗，顺我百姓，不得惊慌逃遁。这个行牌中说大顺军有350万，过于夸张，但所作打算却表达了李自成为首的大顺领导人同清军决战的决心。可惜未能落到实处。这一军事部署与在平阳的部署同样，忽视了民众在抗清斗争中的作用，忽视了争取在政治经济上有实力的官绅与士人参与抗清斗争。

大顺军处于内外交困之中。既要用很大的精力来平息内部叛乱，又要对付清兵的追赶，形势在恶化。继大同姜瓖叛降之后，代州也宣布脱离大顺向清称臣。这两个地方降清，不仅敞开了太原北边的大门，而且使整个山西的防务都受到了威胁。唐通自一片石为清军战败，随同大顺军退回山西，驻兵于保德州。他见到姜瓖投降，仍为总兵，实有降意，但考虑自己曾和清军作过战，顾忌重重，想让姜瓖先代他说几句好话。摄政王多尔衮了解到这个情况，五月十九日，主动写信给他，劝他早降。信中写道："昨山海关之役，闻迫于寇，原不得已。而今寇兵已溃，将军不复再见闯贼李自成，海内人情皆有谅解将军之心矣。近闻驻兵保德，有意来归，等候久之，尚未得到确信。传言将因云中姜将军为先容。大丈夫斗大金印当自取耳，岂得碌碌因人济事乎？我国家用人，唯贤才而取，唯功能而拔，不追究往日之事，不记私仇，即有平西王在此，亦日望将军之来归，戮力同心，共平天下。将军还有何嫌、何疑、何虑、何畏而不早定至计呢？"接着，清政府命钦差镇守山西等处地方兼提督代州三关总兵官高勋前往招降。高勋遵照指示，于九月初三日派标下都司宁承芳持书前往保德州，敦促唐通投诚。数日后，唐通回信请求"益兵数百协力尽歼贼党，而始去衔归命"。九月十五日，唐通正式向清奉表投诚，并掉转矛头，积极配合清军进攻米脂。李自成的祖墓曾为明政府挖掘，后经李自成修复，这次清军打到米脂，将修复的李自成祖墓捣毁，并且杀害了他的族人。不久以后，叶臣所部另一路清军又由固关打进山西。从此，大顺军在山西的斗争全部陷入沉寂状态。

十月十二日，大顺军渐向济源、孟县、怀庆府逼进，顺河而东，占据黄河北岸，以骑兵数千围攻郭家滩河口兵营及孟县县城。董学礼派都司刘国玉等领兵渡河救援，随即亲自率部北渡。两军在孟县展开激战。大顺军集中兵力合围孟县数十重，全力猛攻，终于从西面将城攻破，董学礼及参将王承印等拼死突出重围，逃往清化。大顺军大胜，总兵官金玉在柏香镇以西被大顺军击毙，死伤的还有都司、守备、千总、把总等官21名及兵丁1755名，缴获马560余匹，骡420余头。这是四月以来在抗清战场上取得的唯一胜利。这一胜利，使多尔衮清醒认识到只有彻底击溃大顺军，才能顺利进军江南。于是，他调整了作战部署，迅速通知已出征的阿济格、吴三桂，并令多铎所部停止南下，先救怀庆，转攻陕西，取潼关，两军突击，会师西安，务期合力进剿，彻底歼灭大顺军。

十九日，多尔衮以顺治帝的名义，发布命令，任命和硕英亲王阿济格为靖远大将军，统领将士出征陕西，追剿李自成农民军，目标直指西安。阿济格率吴三桂、尚可喜等出北京，经宣府，由山西北部大同边外会诸蒙古兵，进军榆林、延安，由陕北南下；六天之后，和硕豫亲王多铎受任定国大将

军，率师南下。按照所定的目标进军。

大顺军与张献忠之间的矛盾和斗争也在升级。如果说此前李自成与张献忠之间曾经有过友好合作的关系的话，那么，李自成入京后二者之间的矛盾则日渐激化。李自成退居西安过程中，张献忠正在集中兵力攻取重庆、成都，谋划建国事宜。李自成任黎玉田为四川节度使，马科为将军率部由汉中南下进入川北。七月，攻占保宁，八月，克顺庆，逼进绵州。张献忠命艾能奇率兵抵御，战败于绵州之桃子园。张献忠大怒。为了阻止马科的继续向南推进，他亲自率兵北上，击败马科，夺取绵州。马科退回汉中。

十一月十六日，张献忠宣布以成都为都城，建立大西政府，改元大顺。大西政府出现后，明末农民起义两大主力在川北兵戎相见，相互削弱，也分散了李自成的精力和注意力。

十二月，阿济格率兵由山西保德州渡河，进入陕北。十四日，占领米脂，在李自成故里的李继迁寨大肆杀戮，不分男女老幼。进而向西安推进。多铎亦率部由孟津渡河，大顺防河将领黄士欣、张有声抵挡不住，主动退走。沿河15寨乡勇投降清军，进而挥师西进，经陕州、灵宝，二十二日到达潼关，等候红衣大炮到来。

固守关中是李自成在北京作出的决策。如何固守西安，关系到大顺政府的前途与命运。回到西安后的李自成，虽然没有停止对清军的抗击，可也没有作出周密的部署。从四月到十月，中间有半年的时间。如何才能实现这一既定目标？理应是李自成决策集团思考的重点。从现有材料来看，李自成为固守西安所采取的最为主要的措施，就是固守潼关，在此阻击清军。至于说如何加强西安防务，似乎没有采取明显的举措。不仅没有与大西政府改善关系的动议反而与大西军展开激烈争夺。

潼关是西安的门户。李自成在西安闻讯，立即决定将设防的重点移向潼关，并且伙同刘宗敏带领部队急速增援。这一决定是必要的，同时也是仓促的。几个月前，在出战山海关时，只是凭借一时的激情，而没有充分考虑到一旦战败该怎么办，结果吃了大亏。如果说山海关战败出于对清军不明，遭到的是突然袭击，难以应变的话，那么，在组织潼关战役时，就应当接受教训，充分考虑到清军骑兵与拥有红衣大炮的优势，以及潼关一旦战败应该采取的补救措施。李自成领导集团未能做到这一点，只做到了斗勇而没有斗智。

二十九日，潼关战役开始。汝侯刘宗敏在关前据山为阵，清前锋统领努山、鄂硕等率兵来犯，护军统领图赖等率骑兵百余人冲阵，大顺军遭到挫折。正月四日，刘芳亮领兵千人进攻清营，图赖等率正黄、正红、镶白、镶红、镶蓝五旗各牛录护军出战，大顺军失利。接着，李自成亲率马、步兵救援，清军调集镶黄、正蓝、正白三旗兵马，倾营出动，步兵全军覆没，骑兵亦遭严重损失。初五、初六两夜，大顺军两次对清营发起攻击，均被击退。九日，战局突变。清军调来西洋神炮（红衣大炮），集中火力炮击潼关口。清军在硝烟弥漫的炮火掩护下，直冲关门，遭到大顺军骑兵重创，大顺军又分兵蹑清师之后进行阻截。经过三日夜的激战，大顺军死伤10余万。十一日，清军夺关而入。大顺军再次组织骑兵冲击，未能扭转战局。此时李自成感到问题严重，便匆匆退回西安。巫山伯马世耀想用诈降来制胜清军，一面派人与清方联系，一面派人告诉李自成。哪知向李自成送信的士兵为清军查获。马世耀不知中途情况有变，依然按照原定计划行事，所部7000人全遭暗算。康熙《潼关卫志》记其事原委，说豫王在金盆坡下安十有八营至寺南，世耀诈降，夜使信通自成，为伏路将官所擒。王出猎，安兵金盆坡口，令设宴。世耀士卒鞍马器械俱解，尽屠之。这是一次野蛮大屠杀。由于手段卑鄙，杀人众多，清统治者讳莫如深，只报称"擒斩世尧"。然而，多铎关于马世耀率所部7000余众迎降的奏报，则是无可掩饰的。清军占领怀庆后，差人往招盘踞登封玉寨的土寨头目李际遇，李亦向清投降。由于董学礼的降清，大顺军在河南地区的斗争，变得更加激烈、困难。

难以说清的结局

大顺永昌二年（1645年）正月十三日，潼关战役经过13天的激战，以大顺军的失败而告终。前二日，前往潼关指挥作战的李自成觉察到形势危急，怀着沉痛的心情，率师退回西安。

长安城中一片混乱。十一日，清英王阿济格率军越长城入塞，至宁夏，大顺节度使陈之龙不战而降。进而，转攻陕北，葭州、米脂、绥德州、神木、定边、清水已落入清军手中。在榆林遭到高一功的顽强阻击。阿济格命令清军对榆林发起猛烈攻击，降清的唐通已向高一功投送战表，大同总兵姜瓖、宁武总兵高勋也率部向榆林推进；同时命令攻打宁夏的清军南下，直趋西安。

西安处于南北夹击之中。由于大顺主力已经投放在潼关，再从各地调集重兵来增援西安已不可能。仅仅依靠西安的守军与清军相对抗，是不会有什么好结果的。为此，李自成在回到西安的当天，也就是清军夺取潼关的同一天，作出放弃西安的决策。他让田见秀殿后，负责处理撤离工作中的具体问题，自与刘宗敏率领大顺中央机关文武百官与主力部队及随军家属，总数13万人，离开了西安，出东门南行，经蓝田、商洛，出龙驹寨、武关，入据河南淅川，再向湖广襄阳。由于撤退时携带家属和辎重较多，行军速度相当缓慢。为确保南撤工作的安全，李自成命令贺珍在汉中进行配合。与在北京作出撤离的情况一样，这一决定是被迫的，也是匆忙的。似乎没有比这更好的选择。陕西是李自成的故乡，他手下的主要将领陕西人占有很大比例，但从他宣布建国、再到放弃北京退居西安，大顺在西安防务上并没有采取明显的举措，特别是面临清军追击的情况下李自成始终没有调整政策，既不去动员民众抗击清军，也没有改善与四川的大西政府的关系，建立抗清联合阵线，而且坚持与张献忠为敌。这样就使大顺军陷入孤立的处境。因此，在西安遭到威胁时，他已没有还手之力，选择放弃西安是大势所趋。他之所以选择南下湖广，是因为陕西西部与北部经济落后，人口稀少，在这里没有发展前途；南部四川号称天府，为张献忠所控制，他与张献忠之间的矛盾日渐激化，使他不能也不可能向西南发展。权衡得失利弊，也只能南向河南、湖广，究竟是福还是祸，他并不清楚。

李自成的这一决策的不良后果，很快就得到了证实。随着撤离西安，军中上下沮丧情绪进一步泛滥起来，非但不少将领开始为自己的前途而忧虑，就连大顺文官之首的牛金星也为前途忧虑，大顺桃园伯白广恩看到大顺军节节败退，心怀异志，接到降清的董学礼劝降的来信后，暗中心喜。撤出西安，途经蓝田七盘坡，天气寒冷，很多人被冻死，军心涣散。一个夜晚，他偷偷逃出军营，投降了清朝。

五天后的十八日，清豫王多铎率部开进西安，受到大顺打击的官绅们扬眉吐气，纷纷向清朝靠拢。清英亲王阿济格原奉命西征大顺军，由于他率部绕道至蒙古鄂尔多斯地区索取马匹耽误了时间，豫亲王多铎率部夺取潼关，率先占领了西安，受到嘉奖；而他则因此受到清廷的训斥，责成他"将流寇余孽务期剿除，以赎从前逗留之咎"。阿济格不敢怠慢，把料理西北事务交给陕西总督孟乔芳，自己统兵紧追李自成部不舍。随着清军的到来，原来投降大顺的明朝官员纷纷反侧，拜表降清。奉李自成之命率军入川的大顺四川节度使黎玉田以及大顺怀仁伯马科也在清朝招抚下率部万余人投降了清朝。

他们叛变后,急于取得新主子的信任,或将自己的防地献给大清,或充当清朝的马前卒对大顺军进行袭击。

二月中旬,李自成到达襄阳。这时的襄阳仍在大顺手中。先期到达的牛金星与大顺襄阳知府牛佺,迎接李自成的到来。但湖北的情况已相当复杂。有相当一些地区依然为南明所控制。各地官绅组建的团练相当活跃,乘机击杀大顺地方官员。清将阿济格率部队进入湖北后,尾随李自成不放。

三月下旬,到达襄阳的大顺军连同家属有13万,加上原先留在襄阳、承天、德安、荆州四府的部队7万,合计20万众。高一功退出榆林后,率部南下,经汉中,沿秦、蜀边界东乡、太平向川东行进,未能与李自成会师。李自成打算调集襄、荆四府的兵力跟随主力东下,抢在清军之前夺取以南京为中心的江南地区。“声言欲取南京,水陆并进”。这一决策既脱离实际,又缺乏战略眼光。因为襄阳、荆州地处交通要冲,自古以来夺取或保卫江南必据守襄、荆。崇祯十六年(1643年)李自成率主力北上挺进西安时,曾留下白旺率领精锐部队守卫,牵制了明朝在江南的主力,使大顺军可以放心地北上。而今放弃西安南撤,黄河流域不守,襄阳、荆州、承天、德安四府成为大顺唯一的后方基地。这对大顺军来说,无疑是至关重要的。正如镇守大将白旺所说,这一地区经过一年多的经营,已经比较巩固,驻防军也不弱,应当固守。可惜,李自成没有采纳他的意见。由于他如此决策,白旺不得不遵照执行,大顺军也就因此而放弃了四府的防务,失去了立足之地,变成无后方作战。

阿济格率清军尾追而来,在没有遇到顽强抵抗的情况下,轻而易举占据了襄阳、荆州战略要地。阿济格委任降清的明朝郧阳抚治徐起元移镇襄阳,留守荆州的大顺神将郑四维面对强敌不敢抵抗,杀害大顺荆州防御使孟长庚,向清方投降。

李自成率领大顺军由襄阳、承天向汉川、沔阳转移。镇守武昌的明将宁南侯左良玉飞章告急，江西总督袁继咸以为大顺军可能沿长江北岸向南京进发，率兵赶往湖北蕲春同左良玉相互策应。大顺军从沔阳州的沙湖一带渡过长江，在荆河口击败左良玉部将马进忠、王允成部，武昌、岳州为之震动。左良玉不敢迎战，借口接到崇祯帝"太子"密谕，扯起"清君侧"的旗帜全军乘船东下而去。临行前，放火烧了武昌。四月二十二日，李自成带领大顺军进驻劫后烬余的武昌，改江夏县为瑞符县，拟作休息，等待李过、高一功前来会师。没想到阿济格部清军追踪而至，迅速包围了武昌。刘宗敏、田见秀率兵5000出战，未能取胜。二十四日，李自成放弃武昌继续东移，顺流东下，水陆并进。这时，大顺军既无地方提供后勤供应，又要保护着随军家属，10万以上的大军随地筹粮，处境十分困难。再加连遭挫败，士气低落，组织混乱，指挥不灵，行至九江，突然弃航南下，迁道入据金牛、保安。二十七日，阿济格到达九江，正赶上明将左良玉病故，其子左梦庚率军投降了阿济格。

　　大顺军在阳新富池口，遭到清军的突然袭击，李自成军受到重创。接着，大顺军的老营在距江西九江40里处，与清军主力相遇，大顺军战败，久历战阵、位居文官武将之首的汝侯刘宗敏被俘，军师宋献策、李自成的两位叔父赵侯和襄南侯，以及大批随军将领的家属也被清军俘获。刘宗敏和李自成的两位叔父当即被杀。宋献策愿意投降。其人懂得天文知识，会预测，清朝以为有一技之长可用，就将他留在营中。在这之前，大约是在李自成撤离襄阳时，丞相牛金星看到大顺军节节败退，继续跟随李自成不会有什么好的结果，就悄悄地离去，躲进儿子牛佺的官署里。牛佺原为大顺政权襄阳府尹，这时向清方投降，清朝任用他为黄州知府，后来升任湖广粮储道。牛金星在大顺政权中位居文官之首，在明朝官绅中名声不好，清政府不便安排其职务，既然他已经停止反抗，所以也不予追究，于是，最后老死在牛佺官署中。牛金星死后，牛佺将他的遗体运回故里，葬于河南宝丰祖茔。

永昌通宝

　　李自成统率的大顺军在连续遭到清军重创后，实力损失很大，士气低落，为东下南京而准备的几万条船只也被清军缴获，兼之多铎部清军已从河南归德、安徽泗州直趋南京，为他设想的那一套计划无法实现，于是决定改变进军方向，打算穿过江西西北部转入湖南。五月初，李自成率部万余人到达湖北通山县境九宫山北麓，清军八旗劲旅紧追。这时，当地官绅的武装力量已相当猖獗。李自成率少数亲随观察地形，与团练相遇，遭到伏击遇害身亡。当时跟随在他身边的有义子张鼐和20余名士卒，而当地团练只知道将人杀死，却不知死者是谁。张鼐和姓刘的伴当逃出，向军中报告了这一噩耗。时间是在五月上旬。大顺军将士闻讯，悲怒交集，立即对当地团练予以报复性打击。这一消息，后来同时为清方与南明所注意。清和硕英亲王阿济格于顺治二年（1645年）闰六月上奏朝廷述说其事：李自成为村民所困，不能脱，遂自缢死。南明何腾蛟也据传闻有《逆闯伏诛疏》奏报，内容大致类同。康熙四年（1665年）《通山县志》取材于当地传闻，作了这样的记述："顺治二年五月初四，闯贼数万入县，毁戮四境，人民如鸟兽散，死于锋镝者数千，蹂躏三月无宁宇。"

　　这一说法已为我国学界多数人所接受，

并为中国社会科学院历史所李自成结局研究课题组所确认。但是由于这一说法本身存在四大问题：一是作为杀手程九伯当时并不知道杀的是谁，杀手们当时也没有直接向官方报告事情翔实。二是清方的奏报者没有提供确切的凭证。多尔衮依据获得的情报认为阿济格的奏报不实，有欺诳行为，因此将阿济格降为郡王，并给以罚银5000两的处分。三是无论清方或南明都没有取得李自成的首级，验尸时尸体已经腐烂，无法辨识。四是有记载说当时为乡勇程九伯所杀的是李延而不是李自成。而现有的材料，又无法确认李延为何人。由于这些原因，关于李自成之结局，三百多年来，诸说不一。有说李自成死地是在湖北通城县的九宫山，也有说李自成兵败后隐居湖南石门夹山寺，直到康熙十三年（1674年）圆寂于此。当然，人死不能复生，李自成之死只能在一时一地。有关李自成结局的分歧，源于证据不足。解决这一问题的关键，不能靠推理，只能靠证据。

　　由于李自成死时死地说法不一，故其墓地也不止一处。湖北通山九宫山李自成墓是1963年由政府拨款修建的，墓碑题字为著名史学家郭沫若所书，此外湖北通城九宫山、湖南石门夹山、甘肃榆中青城也有李自成墓。墓地与死地不同，死地所反映的是生命

李自成之墓

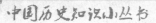

终结时的地点，只能有一处，而墓地是葬身之地，所反映的是他在民众中的影响，可以有多处。

李自成的一生是战斗的一生。他率领农民成功地推翻了明朝的黑暗统治，占有了大半个中国，建立了大顺新朝，成为人们期盼的福星，正如歌词所说："盼星星，盼月亮，盼着闯王出主张。"然而不久以失败而告终。在说到他的是是非非时，不少人都注意到他与秦末的刘邦、元末的朱元璋的比较，他们都是借助农民起义的威力，在完成推翻旧王朝的统治后登上皇帝的宝座，实现了改朝换代，创建了一代新朝，成为胜王，这是共同点。而他则在登上皇帝宝座后迅速败亡，留下了说不清的结局。他反明有法，抗清无术，人们为他最终没有成为胜王而为败贼而惋惜。他的悲剧，不是在于他所处的时代，而是在于他本人志大才疏，缺乏驾驭全局的能力，不能依据国内形势变化调整政策与策略，在两次决战即与清争夺天下的关键时刻决策失误，一误于轻率出战山海关，二误于不加阻击地放弃北京，三误于放弃在山西对清军的阻击，不能利用矛盾，争取多数，动员与组织民众抗清；客观上的原因，则是他遇到的对手是处于上升时期的清王朝。一代伟人毛泽东将他与唐朝末年的黄巢作为一种类型，在谈到李自成时，强调我们决不当李自成，不要犯胜利骄傲的错误，而是要着眼于吸取李自成的经验教训，激励人们创造美好的未来。